21世纪高等学校会计学系列教材

INTEGRATED ACCOUNTING MOCK PRACTICAL TRAINING COURSE

会计综合模拟实训教程

◆ 王玮 杜俊娟 编著

人 民 邮 电 出 版 社
北 京

图书在版编目（CIP）数据

会计综合模拟实训教程 / 王玮，杜俊娟编著. -- 北京：人民邮电出版社，2016.2（2017.9重印）
21世纪高等学校会计学系列教材
ISBN 978-7-115-41028-3

Ⅰ. ①会… Ⅱ. ①王… ②杜… Ⅲ. ①会计学－高等学校－教材 Ⅳ. ①F230

中国版本图书馆CIP数据核字(2016)第006928号

内容提要

本书以培养学生的会计账务处理综合能力为核心，以工作过程为导向，以最新的税收法规和会计准则为依据，在结合作者多年从事会计教学、会计工作以及指导学生实习实训等经验的基础上组织编写的一本会计实践教材。

全书共分为四个部分，第一部分介绍了会计实务操作必备的基础知识；第二部分对会计工作的起点，原始凭证与记账凭证进行填制与审核实训；第三部分取材于商业企业，体现最新的经济业务处理过程，内容包括企业设立之初的工商、税务登记，建账和账务处理，纳税的申请与申报；第四部分取材于工业企业，精心筛选经济业务，全面核算企业生产经营过程，包括筹资、采购、生产、销售和利润全过程的经济业务处理，涵盖投资、借款、银行结算、捐赠、财产清查、固定资产的购置、坏账准备的计提等。通过本书的实训，使学生全面掌握填制和审核会计凭证、登记账簿、纳税申报和编制会计报表的全部会计工作的技能和方法，掌握最新的会计法规，使学生不出校门也能完全仿真实习。

本书既可以作为各类院校会计专业的会计实务操作教材，也可供从事会计工作人员或想从事会计工作人员参考、自学、培训之用。

◆ 编　　著　王　玮　杜俊娟
责任编辑　武恩玉
执行编辑　刘向荣
责任印制　沈　蓉　彭志环

◆ 人民邮电出版社出版发行　　北京市丰台区成寿寺路 11 号
邮编　100164　　电子邮件　315@ptpress.com.cn
网址　http://www.ptpress.com.cn
固安县铭成印刷有限公司印刷

◆ 开本：787×1092　1/16
印张：15.25　　2016 年 2 月第 1 版
字数：280 千字　　2017 年 9 月河北第 3 次印刷

定价：36.00 元

读者服务热线：(010)81055256　印装质量热线：(010)81055316
反盗版热线：(010)81055315

前言 FOREWORD

会计是一门既具备很强的理论知识，又具备较强的实用性和实践性的综合学科。社会经济的蓬勃发展，对会计人才的综合素质能力要求越来越高。本书力图将会计学科理论知识与会计方法、会计基本技能、会计实务操作进行完整结合，参照应用型会计人才培养目标，强调教学内容的“实际、实用、实践”，理论要以实际应用为目的，以“必需、够用”为度。本书以最新的税收法规与会计准则为依据，突出会计的实践技能培养，以实际会计工作流程为标准，结合了作者近十年的会计教学、会计工作经验，希望给读者奉献一本具有系统的操作策略与方法的教科书和参考读物。

本书在框架结构设计上做了精心构思和安排，既考虑到了该学科的整体性和系统性，又突出了实战技能和策略技巧的培训。本书着重突出以下特色。

（1）内容全面新颖。本书模拟的经济业务覆盖面广，代表性强，重复量少，涵盖商贸企业以及工业企业的经济业务。选取的经济业务都是以企业最新发生的经济业务为典型代表，融入编者多年的教学实践经验，可使学生在模拟实验中体验最新的会计业务处理过程。

（2）体现最新的税收法规与会计法规。本书根据 2007 年我国上市公司执行的新会计准则以及最新税收法规，模拟处理经济业务。以会计基础工作规范为依据，以会计的基本理论为基础，全面模拟商贸企业与工业企业的账务处理，模拟实验内容中突出了纳税申报以及增值税一般纳税人管理的全过程，使学生能够熟悉我国的税收流程。全书结构严谨，体现了理论与实践相结合，便于学生操作。

（3）突出应用型人才培养目标。本书以增强职业技能，培养高素质会计应用型人才为目标，针对完成实际会计工作所需要的知识、能力、素质要求，与企业的岗位对会计职业能力的要求相衔接，注重培养学生的职业能力；本书的操作内容形象简单，经济业务的设计简单明了，便于学生实践与学习。

本书由王玮担任主编，杜俊娟、蔡冬梅、蒋毓萍、李海燕、黄斯斯、范佩霞、汪甜甜、王小娟、黄雪绒、胡晓萍参与了编写工作。

本书借鉴和参考了会计学领域的诸多著作，在此一并表示感谢。

由于编者水平和经验有限，书中难免有疏漏和不足之处，恳请读者批评指正。

编　者

2015 年 12 月

目录 CONTENTS

第一部分　会计实务操作基础知识

在会计工作中，会计凭证、会计账簿和财务报表三者之间按照一定的形式互相结合，形成一个完整的体系。为了使记账工作有条不紊地进行，就要明确会计凭证、会计账簿和财务报表之间的联系，并把它们有机结合起来。

会计账务处理程序也称会计核算组织程序，是指对会计数据的记录、归类、汇总、陈报的步骤和方法，即从原始凭证的整理、汇总，记账凭证的填制、汇总，日记账、明细分类账的登记，到会计报表的编制步骤和方法。账务处理程序的基本模式可以概括为：原始凭证——记账凭证——会计账簿——会计报表。

一、期初建账

建立账簿是会计核算的起点。各企业单位会计核算是建立在持续经营与会计分期等基本前提条件下的，因此，每个会计期初，应将上期期末各账户的余额带入本期各账簿中，作为本期的期初余额。同时，对上期期末无余额的账户或未开设的账户，也要按照企业的实际经济业务建立账簿，这个过程就叫期初建账。

一般情况下，总分类账、日记账应每年更换一次。因为涉及的财产物资种类较多，往来单位较多，有些财产物资的明细账和债权债务的明细账可以跨年度使用，各种备查账簿也可以跨年度使用。

（一）账簿的启用

年度开始启用账簿时，应在账簿封面上写明“单位名称”“账簿名称”“账簿所属年度”等内容。在账簿扉页上应附“经管人员一览表”，格式见表 1–1。

账簿应按账页顺序逐行连续，不得隔页、跳行或在行上或行下任意添写文字。如果发生隔页、跳行时，应将空页、空行处用红色墨水笔画对角线注销，并由记账人员盖章，以示负责。账页记到倒数第一行时，应办理转页手续。首先，在该账页最后一行加计本页借方发生额和贷方发生额（包括上页转来累计数），结出余额，并在该行“摘要”栏注明“转次页”字样；然后，再把这个发生额合计数和余额填到下一页第一行的相应栏内，并在“摘要”栏内注明“承前页”字样，以示记账的连续性。使用活页式账页，应按账户顺序编列分页号：一个账户编一个号，如一个账户记载两页以上账页时，可在“分页号”后加编附号。例如某账户的分页号 4 号，有三页账页时，分别编为 4–1，4–2，4–3。年终装订成册后再按实际使用的账页顺序编定账页，另加账户目录，格式见表 1–2。

表 1-1

经管人员一览表

单位名称					
账簿名称					
账簿页数	自第 页起至第 页止共 页				
启用日期	年 月 日				
单位领导人签章			会计主管人员签章		
经管人员职别	姓名	经管或接管日期	签章	移交日期	签章
		年 月 日		年 月 日	
		年 月 日		年 月 日	
		年 月 日		年 月 日	
		年 月 日		年 月 日	
		年 月 日		年 月 日	

表 1-2

账户目录

分页号	科目名称	页码	分页号	科目名称	页码	分页号	科目名称	页码

（二）建立总账

1．总账的格式

大多数企业采用三栏式总账，即账页按借、贷、余三栏设置，格式见表 1-3。

表 1-3

总　　账

科目名称＿＿＿＿＿＿

年		凭证编号	摘要	借方											贷方											借或贷	余额										
月	日			亿	千	百	十	万	千	百	十	元	角	分	亿	千	百	十	万	千	百	十	元	角	分		亿	千	百	十	万	千	百	十	元	角	分

2．总账期初余额的登记

不同性质的账户在余额的登记方向上有所不同，资产类、成本费用类账户的期初余额一般在借方，负债、所有者权益类的账户期初余额一般在贷方。例如，银行存款账户 2013 年年末余额为 110 000 元，则银行存款账户 2014 年期初余额按以下方法登记。

首先，在表头“科目名称”填写：银行存款；在“年度”栏填写：2014 年。其次，在“月、日”栏填写：1 月 1 日；在“摘要”栏填写：期初余额；在“借或贷”栏填写：借；在“余额”栏填写：110 000。

（三）建立日记账

日记账包括库存现金日记账与银行存款日记账等，所有的单位都应设置库存现金日记账与银行存款日记账，用以序时核算库存现金和银行存款的收入、支出和结存的情况。

库存现金日记账由出纳人员登记，它是根据审核无误的现金收、付款凭证或是银行存款付款凭证，按照经济业务发生的顺序，逐日逐笔进行登记的账簿。每日终了应结出库存现金的余额。库存现金日记账采用订本式的三栏式账页，格式见表 1-4。

表 1-4

库存现金日记账

年		凭证		摘要	对方科目	借方										贷方										借或贷	余额									
月	日	类别	号数			千	百	十	万	千	百	十	元	角	分	千	百	十	万	千	百	十	元	角	分		千	百	十	万	千	百	十	元	角	分

银行存款日记账的账簿设置和基本格式与库存现金日记账一样，也应由出纳人员登记，它是根据审核无误的银行存款收款、付款凭证或是现金付款凭证，按照经济业务发生的顺序，逐日逐笔进行登记的账簿。每日终了应结出银行存款的余额，每月终了，应根据企业账面余额数与银行对账单余额数编制“银行存款余额调节表”并进行核对。银行存款日记账的格式见表 1-5。

表 1-5

银行存款日记账

年		凭证编号	结算方式		摘要	借方										√	贷方										√	余额									
月	日		类	号码		千	百	十	万	千	百	十	元	角	分		千	百	十	万	千	百	十	元	角	分		千	百	十	万	千	百	十	元	角	分
					承前页																																

（四）建立明细账

明细账也称明细分类账，是根据总账科目所属的明细科目设置的，用于分类登记某一类经济业务事项，提供有关明细核算资料。明细账一般采用活页式账簿，可以是三栏式、数量金额式、多栏式等。

1．三栏式明细账

三栏式明细账适用于只需进行金额明细核算，而不需要进行数量核算的账户。例如，债权、债务等结算账户：应收账款、应付账款、预收账款等；其他只核算金额的账户也可采纳，格式见表1–6。

有外币业务往来的企业，债权和债务及货币资金账户应设置外币金额式明细账，格式见表1–7。

2．数量金额式明细账

数量金额式明细账在“收入”“发出”“结存”三大栏内分别设置“数量”“单价”“金额”三小栏，一般适用于既要进行金额核算又要进行实物数量核算的各项财产物资，例如，原材料、库存商品等，格式见表1–8。

3．多栏式明细账

多栏式明细账是根据管理需要，在一张账页内不仅按“借”“贷”“余”三部分设立金额栏，还要按明细科目在借方或贷方设立许多金额栏，以集中反映有关明细项目的核算资料。这种格式的明细账适用于“生产成本”“制造费用”“销售费用”“管理费用”“主营业务收入（分产品的）”等账户的明细核算。借方多栏或贷方多栏式账页格式见表1–9。

材料采购、应交税费等会计科目的明细核算，要尽量采用多栏式或与之相适应的专用账页，使账簿反映的内容能反映会计事项明细分类情况，满足编制会计报表的需要。

“材料采购”明细账的格式见表1–10，“应交税费–应交增值税”明细账的格式见表1–11。

二、原始凭证的填制与审核

（一）原始凭证的填制要求

填制原始凭证是会计核算工作的起点。为了保证原始凭证能够正确、及时、清晰地反映交易或事项的真实情况，填制原始凭证必须符合下列基本要求。

（1）记录真实。原始凭证的填制，要由填制人或经办人根据经济业务的实际执行和完成情况填写，不得伪造、变造。

（2）填制及时。各种原始凭证必须在经济业务发生时及时填写，并应按规定的程序及时送交财务部门，由财务部门加以审核并据以编制记账凭证。

（3）内容完整。原始凭证填制的内容必须完整、齐全。凭证的填制日期，经济业务的内容、数量、金额都必须认真填写，不得遗漏。

（4）责任明确。从外单位取得的原始凭证须盖有填制单位的公章；从个人取得的原始凭证，必须有填制人员的签名或盖章。自制原始凭证必须由经办单位领导或者其指定的人员签名或盖公章。对外开出的原始凭证，必须加盖本单位公章。

（5）书写正确。各种原始凭证填写要用蓝黑墨水，文字要简要，字迹要清楚，易于辨认；大小写金额数字要符合规范，保持一致，正确填写。

（6）更正规范。原始凭证填制出现错误，不得涂改和挖补，应由开出单位重开或者按规定方法更正。作废时应加盖“作废”戳记，连同存根一起保存，不得撕毁。

表 1-6

三栏式明细账

分页………总页………

会计科目………………………

明细科目………………………

年		凭证		摘要	对应科目	借方														贷方														借或贷	余额													
月	日	种类	号数			百	十	亿	千	百	十	万	千	百	十	元	角	分	✓	百	十	亿	千	百	十	万	千	百	十	元	角	分	✓		百	十	亿	千	百	十	万	千	百	十	元	角	分	✓

表 1-7

外币金额式明细账

会　计　科　目
NAME OF A/C________

外币名称
FOR.CY. ________

科目编号
A/C NO. ________

年 DATE		凭证号数 VOUCHER NO.	摘要 DESCRIPTION	借方 DEBIT			✓	贷方 CREDIT			✓	借或贷 DR/CR	余额 BALANCE		
月 M.	日 D.			外币金额 FOR.CY.AMOUNT	汇率 EX. RATE	人民币金额 RMB AMOUNT		外币金额 FOR.CY.AMOUNT	汇率 EX. RATE	人民币金额 RMB AMOUNT			外币金额 FOR.CY.AMOUNT	汇率 EX. RATE	人民币金额 RMB AMOUNT

表 1-8

数量金额式明细账

分页………总页………

最高存量…………………………　　编号、名称…………………………………………

最低存量…………………………储备天数…………………………存放地点……………………………计量单位…………………………规格…………………………　类别…………………………

年		凭证		摘要	收入												发出												结存											
月	日	种类	号数		数量	单价	金额										数量	单价	金额										数量	单价	金额									
							千	百	十	万	千	百	十	元	角	分			千	百	十	万	千	百	十	元	角	分			千	百	十	万	千	百	十	元	角	分

表 1-9

多栏式明细账

总页………分页………

………级科目…………………………

………级科目…………………………

年		凭证号数	摘要	借方										贷方										借或贷	余额										（　　）方金额分析																																																						
月	日			千	百	十	万	千	百	十	元	角	分	千	百	十	万	千	百	十	元	角	分		千	百	十	万	千	百	十	元	角	分	百	十	万	千	百	十	元	角	分	百	十	万	千	百	十	元	角	分	百	十	万	千	百	十	元	角	分	百	十	万	千	百	十	元	角	分	百	十	万	千	百	十	元	角	分	百	十	万	千	百	十	元	角	分

表 1-10

材料采购明细账

分页………总页………

材料科目：…………………类别：……………

编号、名称：……………………………………………

<table>
<tr><td colspan="2">年</td><td rowspan="3">凭证号数</td><td rowspan="3">收料单号数</td><td rowspan="3">供应单位</td><td rowspan="3">材料名称及规格</td><td rowspan="3">计量单位</td><td rowspan="3">发票数量</td><td rowspan="3">实收数量</td><td colspan="36">实际成本（借方）</td><td colspan="11">计划成本（贷方）</td><td colspan="16">材料成本差异</td></tr>
<tr><td rowspan="2">月</td><td rowspan="2">日</td><td colspan="10">发票金额</td><td colspan="8">运杂费</td><td colspan="8">其他</td><td colspan="10">合计</td><td rowspan="2">单价</td><td colspan="10">总额</td><td colspan="8">超支（贷方）</td><td colspan="8">节约（借方）</td></tr>
<tr><td>千</td><td>百</td><td>十</td><td>万</td><td>千</td><td>百</td><td>十</td><td>元</td><td>角</td><td>分</td><td>十</td><td>万</td><td>千</td><td>百</td><td>十</td><td>元</td><td>角</td><td>分</td><td>十</td><td>万</td><td>千</td><td>百</td><td>十</td><td>元</td><td>角</td><td>分</td><td>千</td><td>百</td><td>十</td><td>万</td><td>千</td><td>百</td><td>十</td><td>元</td><td>角</td><td>分</td><td>千</td><td>百</td><td>十</td><td>万</td><td>千</td><td>百</td><td>十</td><td>元</td><td>角</td><td>分</td><td>十</td><td>万</td><td>千</td><td>百</td><td>十</td><td>元</td><td>角</td><td>分</td><td>十</td><td>万</td><td>千</td><td>百</td><td>十</td><td>元</td><td>角</td><td>分</td></tr>
</table>

表 1-11

应交税费——应交增值税明细账

总第……………页　　分第……………页

年		凭证		摘要	借方						贷方						借或贷	余额	
月	日	种类	号数		合计	✓	进项税额	已交税金	转出未交增值税	出口抵减内销产品应纳税额	合计	✓	销项税额	进项税额转出	转出多交增值税	出口退税			✓
					千百十万千百十元角分		千百十万千百十元角分	千百十万千百十元角分	千百十万千百十元角分	千百十万千百十元角分	千百十万千百十元角分		千百十万千百十元角分	千百十万千百十元角分	千百十万千百十元角分	千百十万千百十元角分		千百十万千百十元角分	

（二）会计字码的书写要求

会计字码分为大写和小写，小写字码也叫阿拉伯数字。

1．汉字金额大写

（1）汉字大写金额、数字一律用正楷或者行书体书写。如零、壹、贰、叁、肆、伍、陆、柒、捌、玖、拾、佰、仟、万、亿、元、角、分、整（正）等字样，不得自造简化字。

（2）汉字大写金额数字到元或者角为止的，在“元”或者“角”字之后应当写“整”字或者“正”字；大写金额数字有分的，分字后面不写“整”字或者“正”字。例如，人民币 35 680.00 元，大写金额数字应为“人民币叁万伍仟陆佰捌拾圆整”，或为“人民币叁万伍仟陆佰捌拾圆正”。汉字大写金额数字，应与“人民币”字样紧接填写，不得留有空白。

（3）阿拉伯金额数字金额中有“0”时，应按正确的方法书写。

① 阿拉伯数字金额中间只有一个“0”时，汉字大写金额要写“零”字。如￥202.50 元，汉字大写金额应写成“人民币贰佰零贰圆伍角整”。

② 阿拉伯金额数字中间连续有几个“0”时，汉字大写金额中可以只写一个“零”字。如￥2 002.56 元，汉字大写金额应写成“人民币贰仟零贰圆伍角陆分”。

③ 阿拉伯金额数字元位是“0”，或数字中间连续有几个“0”，元位也是“0”，但角位不是“0”时，汉字大写金额可只写一个“零”字，也可不写“零”字，如￥1 320.56 元，汉字大写金额应写成“人民币壹仟叁佰贰拾圆零伍角陆分”，或“人民币壹仟叁佰贰拾圆伍角陆分”。又如￥1 000.56 元，汉字大写金额应写成“人民币壹仟圆零伍角陆分”，或“人民币壹仟圆伍角陆分”。

2．汉字出票日期大写

票据的出票日期必须使用中文大写。为防止变造票据的出票日期，在填写月、日时，月为 1、2 和 10 的，日为 1 至 9 和 10、20、30 的，应在其前加“零”。日为 11 至 19 的，应在其前加“壹”。如 1 月 15 日，应写成“零壹月壹拾伍日”。再如 10 月 20 日，应写成“零壹拾月零贰拾日”。11 月要写成“壹拾壹月”，12 月要写成“壹拾贰月”。

3．阿拉伯数字的写法

（1）阿拉伯数字应当一个一个地写，不得连笔写，排列要整齐，在书写时应有一定的斜度，一般可掌握在 60 度左右。

（2）书写有高度标准，一般要求数字的高度占凭证、账页横格高度的 1/2 为宜，书写时要注意紧靠横格底线，使上方能留出更正空间。

（3）书写小写金额时，数字前面应当书写货币币种或者货币名称简写和币种符号。币种符号与数字之间不得留有空白，以防止金额数字被人涂改。凡数字前写有币种符号的，数字后面不再写货币单位。

（4）在没有位数分隔线的凭证、账、表上，所有以“元”为单位的阿拉伯数字，除表示单价等情况外一律写到角分；无角分的，角位和分位可写“00”或“—”；有角无分的，分位应当写“0”，不得以符号“—”代替。举例：￥100.00 可写成“￥100.—”，也可写作“￥100.00”。

（三）原始凭证审核要求

对原始凭证进行监督和审核是会计人员的法律职责，审核无误的原始凭证才能作为填制记账凭证、登记入账的依据。审核原始凭证主要从以下几点着手。

（1）审核原始凭证的真实性。所谓真实，就是原始凭证应如实反映经济业务的本来面貌，不得掩盖、歪曲和捏造。经济业务双方当事单位和当事人必须真实；经济业务发生的时间、地点和填制凭证的日期必须真实；原始凭证记载的经济业务的内容必须真实；经济业务的“量”必须真实。

（2）审核原始凭证的合法性。审核原始凭证上所记载的经济业务内容是否符合国家的政策、法令和制度等的有关规定，对于不合法的原始凭证不予受理，对严重违法的原始凭证在不予受理的同时应当予以扣留，并及时向单位领导人报告，请求查明原因，追究当事人责任。

（3）审核原始凭证的准确性。书写要清晰、工整、规范，人民币符号与阿拉伯数字之间不得留有空白。数量、单价与金额要计算得准确无误，大小写金额应一致。

（4）审核原始凭证的完整性。原始凭证应具备的要素必须完整，手续必须齐全，包括双方经办人是否签字或盖章；需要旁证的原始凭证，旁证不齐也应视为手续不齐。

（四）原始凭证中容易出现的错误与舞弊

原始凭证中容易出现的错误与舞弊主要有如下 8 种。

（1）内容记载含糊不清，或故意掩盖事情真相，进行贪污作弊。

（2）单位抬头不是本单位。

（3）数量、单价与金额不符。

（4）无收款单位签章。

（5）开具阴阳发票，进行贪污作弊。

（6）在整理和粘贴原始凭证过程中进行作弊。例如：利用单位原始凭证粘贴、整理不规范的弱点，在进行粘贴、整理时，采用移花接木的手法，故意将个别原始凭证抽出，等以后再重复报销；或在汇总原始凭证金额时，故意增减金额，达到贪污其差额的目的。

（7）模仿领导笔迹签字冒领。

（8）涂改原始凭证上的时间、数量、单价、金额，或添加内容和金额。

（五）对有问题原始凭证的处理

在审核原始凭证的过程中，会计、出纳人员要认真执行《会计法》所赋予的职责、权限，坚持制度、坚持原则。对违反国家规定的收支，超过计划、预算或者超过规定标准的各项支出，违反制度规定的预付款项，非法出售材料、物资，任意出借、变卖、报废和处理财产物资，以及不按国家关于成本开支范围和费用划分的规定乱挤、乱摊生产成本的凭证，会计人员应拒绝办理。

对于内容不完全、手续不完备、数字有差错的凭证，会计人员应予以退回，要求经办人补办手续或进行更正。对于伪造或涂改凭证等弄虚作假、严重违法的原始凭证，会计人员在不拒绝办理的同时，应当予以扣留，并及时向单位主管或上级主管报告，请求查明原因，追究当事人的责任。

三、记账凭证的填制与审核

（一）记账凭证的格式

记账凭证的格式有两种，通用格式的记账凭证见表 1-12；专用记账凭证分为：收款凭证、付款凭证和转账凭证，分别见表 1-13、表 1-14 和表 1-15。

表 1-12

记账凭证

年　　月　　日　　　　字第　　号

丙式—28　12×21 厘米（通）

摘要	总账科目	明细科目	记账√	借方金额										记账√	贷方金额									附件
				千	百	十	万	千	百	十	元	角	分		千	百	十	万	千	百	十	元	角	分
																								张

会计主管　　记账　　出纳　　审核　　制单

表 1-13

收款凭证

借　方
科　目＿＿＿＿＿　　年　　月　　日　　　　字第　　号

丙式—141　12×21 厘米

摘要	贷方总账科目	明细科目	记账符号	金额										附单据
				千	百	十	万	千	百	十	元	角	分	
														张
合计														

财务主管　　记账　　出纳　　审核　　制单

表 1-14

付款凭证

贷 方

科 目＿＿＿＿＿ 年 月 日 字第 号

丙式—142 12×21 厘米

摘 要	借方总账科目	明细科目	记账符号	金 额									
				千	百	十	万	千	百	十	元	角	分
合 计													

附单据 张

财务主管 记账 出纳 审核 制单

表 1-15

转账凭证

年 月 日 字第 号

丙式—143 12×21 厘米

摘 要	总账科目	明细科目	√	借 方 金 额										√	贷 方 金 额									
				千	百	十	万	千	百	十	元	角	分		千	百	十	万	千	百	十	元	角	分
合 计																								

附单据 张

财务主管 记账 出纳 审核 制单

（二）编制记账凭证的要求

填制记账凭证，是会计核算工作的重要环节，是对原始凭证的整理和分类，并按照复式记账的要求，运用会计科目，确定会计分录，作为登记账簿的依据。填制记账凭证的具体要求如下：

（1）填制记账凭证的依据，必须是经审核无误的原始凭证或汇总原始凭证。

（2）摘要明确。以简明扼要的文字，概括地写清楚经济业务的内容，据此登记账簿，便于日后查阅。

（3）日期清楚。收付款业务因为要登入当天的日记账，记账凭证的日期应是货币资金收付的实际日期，但是与原始凭证所记的日期不一定一致。转账凭证以收到原始凭证的日期为日期，但在摘要栏要注明经济业务发生的实际日期。

（4）编号科学。如果企业的各种经济业务的记账凭证，采用统一的一种格式（通用格式），凭证的编号可采用顺序编号法，即按月编顺序号。业务极少的单位可按年编顺序号。如果是按照经济业务的内容加以分类，采用三种格式的记账凭证，记账凭证的编号应采用字号编号法。即把不同类型的记账凭证用字加以区别，再把同类记账凭证顺序号加以连续。三种格式的记账凭证，采用字号编号法时，具体地编为"收字第**号""付字第**号"和"转字第**号"。如果发生复杂的会计事项，需要编制两张以上的记账凭证时，可采用"分数编号法"，即编分号，例如，5号会计事项分录有三张记账凭证，编号分别为5 1/3号，5 2/3号，5 3/3号。

（5）记账凭证上应注明所附的原始凭证张数，以便查核。如果根据同一原始凭证填制数张记账凭证时，则应在未附原始凭证的记账凭证上注明"附件**张，见第**号记账凭证"。如果原始凭证需要另行保管时，则应在附件栏目内加以注明，但更正错账和结账的记账凭证可以不附原始凭证。

（6）科目要明细。记账凭证中填写明细科目，是为了按明细科目归类汇总和登记有关明细账簿。

（7）金额要准确。记账凭证中每一会计科目的金额必须与所附原始凭证或原始凭证汇总表中的有关金额相一致。记账凭证中的借方金额与贷方金额合计数相等。角分不要留空白，可写"00"。写完一张凭证后，金额栏剩余的空行可画一斜线注销。金额合计第一位数前应加人民币符号"¥"。

（三）记账凭证的审核

记账凭证必须经过审核无误后才能据以登记账簿。审核要点如下：

（1）内容是否真实。审核记账凭证是否附有原始凭证，所附原始凭证的内容是否与记账凭证的内容一致，记账凭证汇总表与记账凭证的内容是否一致。

（2）项目是否齐全。审核记账凭证各项目的填写是否齐全，如日期、凭证编号、摘要、会计科目、金额、所附原始凭证张数及有关人员签章等。

（3）科目是否正确。审核记账凭证的借、贷科目是否正确，是否有明确的账户对应关系，所使用的会计科目是否符合会计制度的规定等。

（4）金额是否正确。审核记账凭证所记录的金额与原始凭证的有关金额是否一致，记账凭证汇总表的金额与记账凭证的金额合计是否相符，原始凭证中的数量、单价、金额计算是否正确等。

（5）书写是否正确。审核记账凭证的记录是否文字工整、数字清晰，是否按规定使用蓝黑墨水，错账是否按规定方法进行更正等。

（四）记账凭证中容易出现的错误与舞弊

（1）会计账户运用错误。

（2）合计金额计算错误。

（3）记账凭证与所附原始凭证单据不符。

（4）在汇总凭证中进行作弊。例如，在汇总若干费用报销单据时，故意增加金额，使付款凭证上的金额大于所附原始凭证的合计金额，以达到贪污其差额的目的。又如，在汇总若干张收款原始凭证时，故意减少金额，使收款凭证上的金额小于所附原始凭证的实际金额，以达到贪污其差额的目的。

（5）记账凭证中的“摘要”失真，编造虚假记账凭证。

四、账簿的登记

（一）登账的基本要求

依据《会计基础工作规范》第六十条规定（以下简称《规范》），登记会计账簿的基本要求是：

（1）准确完整。登记会计账簿时，应当将会计凭证日期、编号、业务内容摘要、金额和其他有关资料逐项记入账内，做到数字准确、摘要清楚、登记及时、字迹工整。每一项会计事项，一方面要记入有关的总账，另一方面要记入该总账所属的明细账。账簿记录中的日期，应该填写记账凭证上的日期；以自制的原始凭证，如收料单、领料单等，作为记账依据的，账簿记录中的日期应按有关自制凭证上的日期填列。

（2）注明记账符号。登记完毕后，要在记账凭证上签名或者盖章，并注明已经登账的符号，表示已经记账。在记账凭证上设有专门的栏目用于注明记账的符号，以免发生重记或漏记。

（3）文字和数字必须整洁清晰、准确无误。在登记书写时，不要滥造简化字，不得使用同音异义字；摘要文字紧靠左线；数字要写在金额栏内，不得越格错位、参差不齐；文字、数字字体大小适中，紧靠下线书写，上面要留有适当空距，一般应占格宽的 1/2，以备按规定的方法改错。记录金额时，如为没有角分的整数，应分别在角分栏内写上“0”，不得省略不写，或以“—”号代替。阿拉伯数字一般可自左向右适当倾斜，以使账簿记录整齐、清晰。为防止字迹模糊，墨迹未干时不要翻动账页；夏天记账时，可在手臂下垫一块软布或纸板等书写，以防汗浸。

（4）正常记账使用蓝黑墨水。登记账簿要用蓝黑墨水或者碳素墨水书写，不得使用圆珠笔（银行的复写账簿除外）或者铅笔书写。

（5）特殊记账使用红墨水。下列情况，可以用红色墨水记账：①按照红字冲账的记账凭证，冲销错误记录；②在不设借贷等栏的多栏式账页中，登记减少数；③在三栏式账户的余额栏前，如未印明余额方向的，在余额栏内登记负数余额；④根据国家统一会计制度的规定可以用红字登记的其他会计记录。

（6）顺序连续登记。各种账簿按页次顺序连续登记，不得跳行、隔页。如果发生跳行、隔页，更不得随便更换账页和撤出账页，作废的账页也要留在账簿中，如果发生跳行、隔页，应当将空行、空页画线注销，或者注明“此行空白”“此页空白”字样，并由记账人员签名或者盖章。

（7）结出余额。凡需要结出余额的账户，结出余额后，应当在“借或贷”等栏内写明“借”或者“贷”等字样。没有余额的账户，应当在“借或贷”等栏内写“平”字，并在余额栏内“元”位处标注“0”。

（8）过次承前。每一账页登记完毕结转下页时，应当结出本页合计数及余额，写在本页最后一行和下页第一行有关栏内，并在摘要栏内注明“过次页”和“承前页”字样；也可以将本页合计数及金额只写在下页第一行有关栏内，并在摘要栏内注明“承前页”字样。

（9）登记发生错误时，必须按规定方法更正，严禁刮、擦、挖、补，或使用化学药物清除字迹。发现差错必须根据差错的具体情况采用画线更正、红字更正、补充登记等方法更正。

（10）定期打印。《规范》第六十一条对实行会计电算化的单位提出了打印上的要求：“实行会计电算化的单位，总账和明细账应当定期打印”；“发生收款和付款业务的，在输入收款凭证和付款凭证的当天必须打印出现金日记账和银行存款日记账，并与库存现金核对无误”。

（二）科目汇总表核算形式下总账的登记

企业要按照既定的会计核算形式及时登记总账，下面以科目汇总表为例，说明登记总账的过程。

科目汇总表最主要的作用在于简化登记总分类账的工作，同时，科目汇总表也可以起到试算平衡的作用。其登账步骤如下。

1．登记 T 字账

（1）按照总分类账账页目录顺序开设 T 字账，如图 1–1 所示。

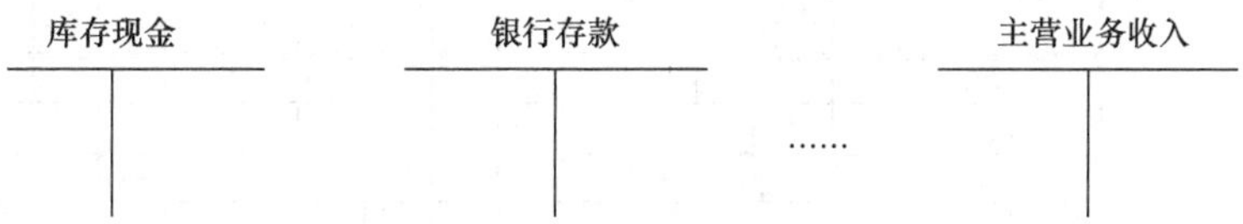

图 1–1　T 字账

（2）将记账凭证内容填入 T 字账。

（3）T 字账登记完毕后，计算每个账户的借、贷方发生额。据此编制科目汇总表，如图 1–2 所示。

图 1–2　T 字账登记

2．编制科目汇总表

科目汇总表的格式见表 1–16。

3．登记总账

在科目汇总表核算形式中，登记总账的过程是将科目汇总的各账户借方、贷方发生额分别登记到对应总账中，并结出余额的过程。

表 1-16

科目汇总表

编号:				
凭证号数	现金	自第	号至	号止
	银行	自第	号至	号止
	其他	自第	号至	号止
	转账	自第	号至	号止

20　　年　　月　　日至　　月　　日

会计科目	总页	借方科目										贷方科目										会计科目	总页	借方科目										贷方科目									
		千	百	十	万	千	百	十	元	角	分	千	百	十	万	千	百	十	元	角	分			千	百	十	万	千	百	十	元	角	分	千	百	十	万	千	百	十	元	角	分
合　计																						合　计																					

财会主管　　　　记账　　　　复核　　　　制表

五、账簿的对账

对账，是指核对账目，即对账簿和账户所记录的有关数据加以检查和核对，从而保证会计记录真实可靠、正确无误。会计人员要按照各种账簿记录情况的不同，分别进行经常和定期的对账。

（一）账证核对

账证核对指会计账簿记录与会计凭证有关内容核对相符。保证账证相符，也是会计核算的基本要求。

（二）账账核对

账账核对指会计账簿之间相对应记录核对相符。具体包括：

（1）总分类账簿中全部账户的借方发生额合计与贷方发生额合计、期末借方余额合计与贷方余额合计分别核对相符。

（2）现金日记账和银行存款日记账的期末余额，应与总分类账中“现金”和“银行存款”账户的期末余额核对相符。

（3）总分类账户的月末余额，应与其所属的各明细分类账户月末余额的合计数核对相符。

（4）会计部门有关财产物资明细账的期末结存数，应与财产物资保管和使用部门相应的保管账（卡）的结存数核对相符。

（三）账实相对

账实相对指账簿记录与实物、款项实有数核对相符。具体包括：

（1）现金日记账的账面余额与库存现金实存数核对相符。

（2）银行存款日记账的账面记录与银行对账单核对相符。

（3）财产物资明细账的结存数与财产物资实存数核对相符。

（4）各种应收款项、应付款项的明细分类账的账面余额，与有关往来单位核对相符。

六、账簿结账

结账就是把一定时期（月、季、年）内所发生的经济业务全部登记入账后，计算并记录各种账簿的本期发生额和期末余额，进行试算平衡，并结转下期或下年度账簿的一种账务处理方法。结账的时间主要有日结、月结、年结等。

（1）日结。每日业务终了，出纳员逐笔、顺序地登记完现金日记账和银行存款日记账后，应结出本日余额，现金日记账余额应与当日库存现金核对。

（2）月结。办理月结，应在各账户最后一笔记录下面画一道通栏粗红线表示本月业务结束，在红线下结算出本月发生额及月末余额，如无余额，应在“借”或“贷”栏内注明“平”字并在余额栏内填“0”或“√”符号，同时在摘要栏内标明“本月合计”或“月发生额及余额”字样，然后在下面再画一通栏红线，表示完成月结工作。

（3）季结和年结。办理季结或年度结账时，应在季末或年末月份月结数下，结算本季或本年合计数及季末余额，并在摘要栏内写明“本年或本年合计”或“×季度或年度发生额及余额”字样。如为季结，在其上下各画一道通栏红线；如为年结，在合计数下画两道通栏红线以示封账。

（4）更换新账簿。在年度换账簿时，应同时在下年新账中相应账户的第一页第一行标明“上年结转”或“年初余额”字样，并将上年的年末余额直接记入新账的“期初余额”栏内，同时标明余额方向。

七、财务会计报告

（一）财务会计报告的组成

财务会计报告包括：会计报表、会计报表附注和财务情况说明书。（根据《会计法》第二十条第二款规定：“财务会计报告由会计报表、会计报表附注和财务情况说明书组成。”）

1．会计报表

会计报表是指企业以一定的会计方法和程序由会计账簿的数据整理得出，以表格的形式反映企业财务状况、经营成果和现金流量的书面文件，是财务会计报告的主体和核心。企业会计报表按其反映的内容不同，分为资产负债表、利润表、现金流量表、所有者权益（股东权益）变动表及相关附表。其中，相关附表是反映企业财务状况、经营成果和现金流量的补充报表，主要包括利润分配表以及国家统一会计制度规定的其他附表。

2．会计报表附注

会计报表附注是为便于会计报表使用者理解会计报表的内容而对会计报表的编制基础、编制依据、编制原则和方法及主要项目等所做的解释。会计报表附注是财务会计报告的一个重要组成部分，它有利于增进会计信息的可理解性，提高会计信息可比性和突出重要的会计信息。

（二）财务会计报告的编制要求

1．财务报表应以持续经营为基础编制

企业应当以持续经营为基础，根据实际发生的交易和事项，按照《企业会计准则——基本准则》和其他各项会计准则的规定进行确认和计量，并在此基础上编制财务报表。管理层应对是否能够持续经营进行评估，若某些重大不确定因素可能导致对主体持续经营产生严重怀疑时，应对不确定因素充分披露。但企业不能以附注披露代替确认和计量。以持续经营为基础编制财务报表不再合理的，企业应当采用其他基础编制财务报表，并在附注中披露这一事实。企业在当期已经决定或正式决定下一个会计期间进行清算或停止营业时，表明其处于非持续经营状态，应当采用其他基础编制财务报表，如破产企业的资产应当采用可变现净值计量等，并在附注中声明财务报表未以持续经营为基础列报，披露未以持续经营为基础的原因以及财务报表的编制基础。

2．列报的一致性

列报一致性要求财务报表中的列报和分类应在各期间之间保持一致。除非准则要求改变，或主体的经营性质发生重大变化，改变后的列报能够提供更可靠的、且对财务报告使用者更相关的信息，同时不损害可比信息。

3．重要性项目单独列报

性质或功能类似的项目，其所属类别具有重要性的，应当按其类别在财务报表中单独列报。性质或功能不同的项目，应当在财务报表中单独列报，但不具有重要性的项目除外。

重要性，是指如果项目的省略或误报会单独或共同影响内外部使用者做出的经济决策，则该项目是重要的。重要性应当根据企业所处环境，从项目的性质和金额大小两方面加以判断。其中，项目的性质应当考虑该项目是否属于企业日常活动、是否对企业的财务状况和经营成果具有较大影响等因素；项目金额大小的重要性，应当通过单项金额占资产总额、负债总额、所有者权益总额、营业收入总额、净利润等直接相关项目金额的比重加以确定。

本准则规定在财务报表中单独列报的项目，应当单独列报；其他会计准则规定单独列报的项目，应当增加单独列报项目。

4．有关抵销的界定，项目金额不得相互抵销

财务报表中的资产项目和负债项目的金额、收入项目和费用项目的金额不得相互抵销，单独列报资产和负债、收益和费用以便使用者更易理解已发生的交易、其他事项的情况，以及评估主体未来的现金流量。

资产项目按扣除减值准备后的净额列示，不属于抵销，如存货跌价准备与存货项目、应收账款计提的坏账准备与应收账款项目按抵减后的余额列报不属于抵销。

非日常活动产生的损益，以收入扣减费用后的净额列示，不属于抵销。如非流动资产处置产生的利得与损失，按处置收入扣除该资产账面金额与相关销售费用后的余额列报不属于抵销。若这些利得与损失是重要的则应单独列报。

5．财务报告中应列报所有金额的前期比较信息

当期财务报表的列报，至少应当提供所有列报项目上一可比会计期间的比较数据，以及与理解当期财务报表相关的说明，其他会计准则另有规定的除外。

当财务报表项目的列报发生变更，应当对上期比较数据按照当期的列报要求进行调整，并在附注中披露调整的原因和性质以及调整的各项目金额。对上期比较数据进行调整不切实可行（是指企业在做出所有合理努力后仍然无法采用某项规定）的，应当在附注中披露不能调整的原因。

6．披露要求

企业应当在财务报表的显著位置至少披露下列各项内容：（1）编报企业的名称；（2）资产负债表日或财务报表涵盖的会计期间；（3）人民币金额单位；（4）财务报表是合并财务报表的，应当予以标明。

企业至少应当按年编制财务报表。年度财务报表涵盖的期间短于一年的，应当披露年度财务报表的涵盖期间以及短于一年的原因。

一般纳税人企业需要编制的报表：资产负债表、利润表、现金流量表、一般纳税人增值税申报表、增值税销售表（一）、增值税进项表（二）、城市维护建设税申报表、教育费附加申报表、地方教育费附加申报表、企业所得税申报表、印花税申报表、统计产品产量月报表、财务状况月报表、出口货物明细表、出口货物汇总表、出口货物附表等。

八、会计档案的整理立卷

（一）会计凭证

将记账凭证连同所附原始凭证、凭证汇总表，按照编号顺序，去掉金属物，选取适当厚度（一般不超过 2 厘米）为一册，加上凭证封面封底（正反面），并装订成册，封面封底格式分别见表 1-17 和表 1-18。装订时，以上边和左边整齐为准，右边和下边要求折叠整齐，用棉线在左上角装

表 1-17

凭证封面

编号

20　年　月份

单位名称			
凭证名称			
册　数	第	册共	册
起讫编号	自第	号至第	号
起讫日期	自 20　年　月　日至　月　日		

主管……………装订……………

表 1-18

抽出单据记录

抽出日期			抽出单据名称	张数	抽出单据理由	抽取人签章	财会主管签章	附注
年	月	日						

订，并用纸包封装订角，由会计机构负责人、立卷人加盖骑缝章，一册为一卷。会计凭证案卷封面应写明单位名称、内部机构名称、年度、月份，本月共几册，本册是第几册，记账凭证的起讫编号、张数，保管期限，档案号，并由会计机构负责人、立卷人分别签名或盖章。对于数量过多的原始凭证，如收料单、发料单等，可以按上述要求单独装订成册，加上封面封底，并在封面注明记账凭证日期、编号，存放在其他类会计档案中，同时在记账凭证上注明“附件另订”及原始凭证名称和编号。

（二）会计账簿

会计账簿的整理立卷比较简单，这是由于会计账簿在形成时，一般都有固定的格式和明确的分类，所以在年终结账、决算后稍加整理，一本账簿就可以成为一个案卷。

（1）整理立卷时应当注意：①按照账簿的种类按年分别立卷，一本为一卷。②订本账中的空白页不能拆账去掉，应保持账簿本身的完整性。③活页账可以拆账，会计人员将账中的空白账去掉后可重新组织，并应当在账页的右上角编上页码，加上账簿封面封底，用脱脂线绳装订成册。有的活页账账页较少，可将科目内容相近的账页按类别排列编号，年终结账后合并装订成册。④会计账簿案卷封面应写明单位名称、内部机构名称、账簿名称、所属年度、卷内张数、保管期限、档案号，并由会计机构负责人、立卷人签名或盖章。⑤跨年度使用的固定资产账簿，应在使用完的那一个年度立卷。

（2）具体要求：各种会计账簿办理完年度结账后，除跨年使用的账簿外，其他需整理、立卷。①会计账簿在装订前，应按账簿启用表的使用页数，核对各个账户账页是否齐全，是否按顺序排列。②会计账簿装订顺序：会计账簿装订封面，样式见表 1-19；账簿启用表；账户目录；按本账簿页数项顺序装订账页；会计账簿装订封底。③活页账簿去空白页后，将本账页数项填写齐全，撤账夹，用坚固耐磨的纸张做封面、封底，装订成册。不同规格的活页账不得装订在一起。④装订后的会计账簿应牢固、平整、不得有折角、掉页现象。⑤会计账簿的封口处，应加盖装订印章。⑥装订后，会计账簿的脊背应平整，并注明所属年度及账簿名称和编号。⑦会计账簿的编号为一年一编，编号顺序为总账、现金日记账、银行存款日记账、分户明细账。

表 1-19

会计账簿封面

单位名称 ________________________________

账簿名称 ________________________________

年　　度 ________________________________

共　　　　张自第　　　　页起至第　　　　页止

负责人　　　　　　　　　　　　经管人

（三）财务报告

月度、季度、年度财务报告应分别装订立卷，一本为一卷。决算审核意见书、审计报告等应分别附在该期财务报告后一起装订，卷内须逐页顺序编写页码。财务报告案卷封面应写明单位名称、内部机构名称、报表名称、所属年度、卷内张数、保管期限、档案号，并由会计机构负责人、立卷人分别签名或盖章。

装订报表时应当注意：①会计报表编制完成并按时报送后，留存报表均应按月装订成册。②会计报表应整理平整，防止折角。③会计报表在装订前，应按编报目录核对是否齐全。④会计报表的装订顺序是：会计报表封面；会计报表编制说明；各种会计报表按会计报表的编号顺序排列；会计报表封底。

（四）其他类会计档案

各单位会计机构、会计人员对其他类会计档案要认真收集、审查、核对，并分别进行整理立卷。会计移交清册、会计档案保管清册、会计档案销毁清册应单独装订立卷、单独编制卷号。会计档案案卷后应附备考表。卷内若有需要说明的情况和问题，可在备考表上说明。各单位应将整理立卷的会计档案分别装入卷盒（视其厚度，一个盒子可装一卷或数卷），卷盒形式要统一、整齐、美观。

第二部分 原始凭证的填制与审核实训

一、实训原始凭证的填制

（一）实训目的

通过本实训学生能对原始凭证的内容和原始凭证的填制技能熟练掌握。

（二）实训要求

根据下列资料填制原始凭证。

（三）实训资料

企业名称：辽阳大地服装公司（增值税一般纳税人）

开户行：建设银行民主路支行账号：66895678

纳税人登记号：1201238856789

会计人员：王路　　出纳员：张迪　　会计主管：郑微

2014 年 6 月发生的有关交易或事项如下：

1. 6 月 1 日，开出现金支票从银行提取 3 000 元现金备用。（填制现金支票，见凭证 2–1）

2. 6 月 1 日，销售科职工王峰赴大连参加商品展销会，经批准向财务科借差旅费 2 000 元，财务人员审核无误后付现金。（填制借款单，见凭证 2–2）

3. 6 月 2 日，出纳员将当天的销售款 85 600 元现金存入银行。（其中面额 100 元的 700 张，面额 50 元的 300 张，面额 10 元的 60 张）（填制银行现金交款单，见凭证 2–3）

4. 6 月 6 日，开出转账支票 50 000 元，向红星工厂预付布料款。（填制转账支票，见凭证 2–4）

5. 6 月 8 日，向辽阳市纺织厂购进棉布 100 匹，单价每匹 3 000 元，增值税 51 000 元，开出转账支票付款，材料验收入库。（填制材料入库单和转账支票，分别见凭证 2–5 和凭证 2–6）

6. 6 月 9 日，王峰开会回来报销差旅费 1 896 元，退回现金 104 元，由出纳开出收据一张。（收据和差旅费，分别见凭证 2–7 和凭证 2–8）

7. 6 月 10 日，向个人雨滴销售男套装 5 套，每套 800 元（含增值税），销售男式衬衣 100 件，每件 50 元（含增值税），收到现金并开出零售发票。（填制销售发票，见凭证 2–9）

8. 6 月 12 日，向新世纪商场销售成衣，其中男套装 50 套每套 700 元，裙装 30 套，每套 600

元（不含增值税），开出增值税专用发票，收到对方的转账支票，当日填写银行进账单送存银行。（填制增值税专用发票及银行进账单，分别见凭证 2–10 和凭证 2–11）

9. 6 月 23 日开出转账支票 54 000 元，归还前欠东方针织厂购货款。（填制转账支票，见凭证 2–12）

二、实训原始凭证的审核

（一）实训要求

（1）审核原始凭证。以有关的法令、制度及计划等为依据对每一笔交易或事项所涉及的原始凭证进行审核，审查原始凭证所反映的交易或事项是否合理合法，同时审查原始凭证的内容是否完整、各项目填列是否齐全、数字计算是否正确以及大小写金额是否相符等。

（2）指出存在的问题。每一笔交易或事项所取得或填写的原始凭证中，至少有一处或多处错误或不完整。认真审核后指出其中存在的问题并提出修改意见和处理方法。

（二）实训资料

（1）2014 年 7 月 3 日，采购员王敏赴北京采购材料，填写一份借款单并经主管领导批准。（审核借款单，见凭证 2–13）

（2）2014 年 7 月 8 日，加工车间王冠领用圆钢 4 000 千克，计划单价 10 元；领用角钢 3 000 千克，计划单价 5 元（工作单号 1220，工作项目：车工），生产锁具。（审核领料单，见凭证 2–14）

（3）2014 年 7 月 9 日，销售 CG–1 产品 500 件，单价 200 元；HG–2 产品 500 件，单价 100 元，开出增值税专用发票一份并将有关联交与东方明珠有限公司，同时收到东方明珠签发的转账支票一张，尚未送存银行。（审核增值税专用发票和转账支票，分别见凭证 2–15 和凭证 2–16）

（4）7 月 10 日，签发现金支票一张，金额 38 566.30 元，从银行提取现金以备发工资。（审核现金支票，见凭证 2–17）

（5）7 月 18 日，办公室职员张明拿来发票一张，报销购买笔记本、钢笔等办公用品费用。（审核发票，见凭证 2–18）

三、记录及证明经济业务的原始凭证

凭证 2-1

<table>
<tr><td rowspan="8">中国建设银行
现金支票存根
No.33306451
附加信息

出票日期 年 月 日
收款人：
金 额：
用 途：
单位主管 会计</td><td colspan="11">中 国 建 设 银 行 现金支票 No. 33306451</td></tr>
<tr><td colspan="11">出票日期（大写） 年 月 日 付款行名称：</td></tr>
<tr><td colspan="11">收款人： 出票人账号：</td></tr>
<tr><td rowspan="5">本支票付款期限十天</td><td rowspan="2">人民币
（大写）</td><td>百</td><td>十</td><td>万</td><td>千</td><td>百</td><td>十</td><td>元</td><td>角</td><td>分</td></tr>
<tr><td></td><td></td><td></td><td></td><td></td><td></td><td></td><td></td><td></td></tr>
<tr><td>用途</td><td colspan="9"></td></tr>
<tr><td>上列款项请从
我账户内支付</td><td colspan="9"></td></tr>
<tr><td>出票人签章</td><td colspan="9">复核 记账</td></tr>
</table>

凭证 2-2

借 款 单

年 月 日

部 门		借款事由			
借款金额	金额（大写） ¥				
批准金额	金额（大写） ¥				
领导		财务主管		借款人	

凭证 2-3

中国建设银行现金交款单

账别：　　　　　　　　　　　　　　　　　　年　　月　　日

<table>
<tr><td>交款单位</td><td colspan="3"></td><td>收款单位</td><td colspan="12"></td></tr>
<tr><td>款项来源</td><td colspan="3"></td><td>账号</td><td></td><td>开户银行</td><td colspan="10"></td></tr>
<tr><td rowspan="2">大写金额</td><td rowspan="2" colspan="5"></td><td>亿</td><td>千</td><td>百</td><td>十</td><td>万</td><td>千</td><td>百</td><td>十</td><td>元</td><td>角</td><td>分</td></tr>
<tr><td></td><td></td><td></td><td></td><td></td><td></td><td></td><td></td><td></td><td></td><td></td></tr>
<tr><td>券别</td><td colspan="4"></td><td>合计金额</td><td colspan="11" rowspan="4">科目（贷）
对方科目（借）现金</td></tr>
<tr><td>整把券</td><td colspan="4"></td><td></td></tr>
<tr><td>零张券</td><td colspan="4"></td><td></td></tr>
</table>

凭证 2-4

<table>
<tr><td>中国建设银行
转账支票存根
No.33888991
附加信息

出票日期　年　月　日
收款人：
金　额：
用　途：
单位主管　会计</td><td>中国建设银行 转账支票　　No. 33888991
出票日期（大写）　年　月　日　付款行名称：
收款人：＿＿＿＿＿＿＿＿　出票人账号：
本支票付款期限十天
人民币（大写）　| 百 | 十 | 万 | 千 | 百 | 十 | 元 | 角 | 分 |
用途＿＿＿＿＿＿
上列款项请从
我账户内支付
出票人签章　　　复核　　记账</td></tr>
</table>

凭证 2-5

材料入库单

供应单位：　　　　　　　　　　　　　　　　年　月　日

发票号：111078　　　　　　　　　　　　　　　　　　字第　　号

<table>
<tr><td rowspan="2"></td><td rowspan="2">材料
名称</td><td rowspan="2">规格
材质</td><td rowspan="2">计量
单位</td><td rowspan="2">应收
数量</td><td rowspan="2">实收
数量</td><td rowspan="2">单价</td><td colspan="10">金额</td></tr>
<tr><td>千</td><td>百</td><td>十</td><td>万</td><td>千</td><td>百</td><td>十</td><td>元</td><td>角</td><td>分</td></tr>
<tr><td></td><td></td><td></td><td></td><td></td><td></td><td></td><td></td><td></td><td></td><td></td><td></td><td></td><td></td><td></td><td></td><td></td></tr>
<tr><td></td><td></td><td></td><td></td><td></td><td></td><td></td><td></td><td></td><td></td><td></td><td></td><td></td><td></td><td></td><td></td><td></td></tr>
<tr><td colspan="4" rowspan="2"></td><td colspan="2">运杂费</td><td></td><td></td><td></td><td></td><td></td><td></td><td></td><td></td><td></td><td></td><td></td></tr>
<tr><td colspan="2">合计</td><td></td><td></td><td></td><td></td><td></td><td></td><td></td><td></td><td></td><td></td><td></td></tr>
<tr><td>备注</td><td colspan="16"></td></tr>
</table>

第二联记账联

仓库　　　　会计　　　　收料员　　　　制单：

凭证 2-6

<table>
<tr><td>中国建设银行
转账支票存根
No.33888995
附加信息

出票日期　年　月　日
收款人：
金额：
用途：
单位主管　　会计</td>
<td>中国建设银行 转账支票　　No. 33888995
出票日期（大写）　年　月　日　付款行名称：
收款人：________________　出票人账号：
本支票付款期限十天
人民币（大写）　　百 十 万 千 百 十 元 角 分
用途____________________
上列款项请从
我账户内支付
出票人签章　　　　复核　　记账</td></tr>
</table>

凭证 2-7

此收据不得作为经营性业务收支结算凭证使用

收据

第二联

＿＿＿＿年＿＿＿月＿＿＿日　　　字　　　№ 016302

今 收 到＿＿＿＿＿＿＿＿＿＿＿＿＿＿＿＿＿＿＿＿

交　　来＿＿＿＿＿＿＿＿＿＿＿＿＿＿＿＿＿＿＿＿

人 民 币（大写）＿＿＿＿＿＿＿＿＿＿＿＿＿＿＿＿

¥＿＿＿＿＿＿

收款单位

公　　章＿＿＿＿＿＿＿＿

记账凭证

收款人		交款人	

凭证 2-8

差旅费报销单

部门：销售科　　　　　　　　　2014 年 6 月 9 日

姓名		王峰			出差事由			大连开会			出差自 2007 年 6 月 3 日 至 2007 年 6 月 9 日				共 6 天	
起讫时间及地点						车船票		夜间乘车补助费			出差乘补费			住宿费	其他	
月	日	起	月	日	讫	类别	金额	时间	标准	金额	日数	标准	金额	金额	摘要	金额
6	3	辽阳	6	3	大连	火车	38									
6	8	大连	6	8	辽阳	火车	38				6	50	300	720		800
小计							76						300	720		800
合计金额（大写）：壹仟捌佰玖拾陆元整																
备注：预借 2 000.00　核销 1 896.00　退补 104.00																

附单据共叁张

单位领导：王宇阳　　财务主管：郑微　　审核：张迪　　填报人：王峰

凭证 2-9

辽宁省商品销售统一发票

发 票 联

客户名称及地址： 年 月 日填制

品名	规格	单位	数量	单价	金额							备注
					万	千	百	十	元	角	分	
	合计											
合计金额（大写） 万 仟 佰 拾 元 角 分												

填票人 收款人： 单位名称（盖章）

第二联 发票联

凭证 2-10

辽宁增值税专用发票

抵扣联

开票日期： 年 月 日

<table>
<tr><td>购货单位</td><td colspan="4">名 称：
纳税人识别号：1550048815657
地 址、电 话：辽阳市新运大街 231 号 2011456
开户行及账号：工商银行辽阳市分行 770186588</td><td>密码区</td><td colspan="3">6+-〈2〉6〉927+296+/ 加密版本：01
446〈600375〈35〉〈4/ 37009931410
2-2〈2051+24+2618〈7 0445
/3-15〉〉09/5/-1〉〉〉+2</td></tr>
<tr><td colspan="2">货物或应税劳务名称</td><td>规格型号</td><td>单位</td><td>数量</td><td>单价</td><td>金额</td><td>税率</td><td>税额</td></tr>
<tr><td colspan="2">

合 计</td><td></td><td></td><td></td><td></td><td></td><td></td><td></td></tr>
<tr><td colspan="2">价税合计（大写）</td><td colspan="7">（小写）</td></tr>
<tr><td>销货单位</td><td colspan="4">名 称：
纳税人识别号：
地 址、电 话：
开户行及账号：</td><td>备注</td><td colspan="3"></td></tr>
</table>

收款人： 复核： 开票人： 销货单位：（章）

注：增值税专用发票一式三联，第一联抵扣联，第二联发票联，第三联记账联。

第一联：抵扣联 购货方抵扣凭证

凭证 2-11

中国建设银行进账单（收账通知）

年 月 日 第 号

<table>
<tr><td rowspan="3">付款人</td><td>全称</td><td colspan="3"></td><td rowspan="3">收款人</td><td>全称</td><td colspan="10"></td></tr>
<tr><td>账号</td><td colspan="3"></td><td>账号</td><td colspan="10"></td></tr>
<tr><td>开户银行</td><td colspan="3"></td><td>开户银行</td><td colspan="10"></td></tr>
<tr><td rowspan="2" colspan="2">人民币
（大写）</td><td rowspan="2" colspan="5"></td><td>千</td><td>百</td><td>十</td><td>万</td><td>千</td><td>百</td><td>十</td><td>元</td><td>角</td><td>分</td></tr>
<tr><td></td><td></td><td></td><td></td><td></td><td></td><td></td><td></td><td></td><td></td></tr>
<tr><td colspan="2">票据种类</td><td colspan="2"></td><td rowspan="2" colspan="13"></td></tr>
<tr><td colspan="2">票据张数</td><td colspan="2"></td></tr>
<tr><td colspan="4">单位主管 会计 复核 记账</td><td colspan="13">收款人开户行盖章</td></tr>
</table>

此联是收款人开户行交给收款人的收账通知

凭证 2-12

<table>
<tr><td>中国建设银行
转账支票存根
No.33889990

附加信息

出票日期 年 月 日</td><td rowspan="5">中国建设银行转账支票 No. 33889990

出票日期（大写） 年 月 日 付款行名称：
收款人：________________ 出票人账号：

本支票付款期限十天

人民币（大写） | 百 | 十 | 万 | 千 | 百 | 十 | 元 | 角 | 分

用途____________________
上列款项请从
我账户内支付
出票人签章 复核 记账</td></tr>
<tr><td>收款人：</td></tr>
<tr><td>金额：</td></tr>
<tr><td>用途：</td></tr>
<tr><td>单位主管 会计</td></tr>
</table>

凭证 2-13

借 款 单

2014 年 7 月 3 日

部　门		供应科		借款事由：参加订货会
借款金额（人民币大写）贰仟元整　　　￥：2 000.00				
批准金额（人民币大写）贰仟元整　　　￥：2 000.00				
领导	周伟	财务主管	王明林	借款人

凭证 2-14

辽化钢管公司领料单

领料部门：

2014 年 7 月 8 日

材料		单位	数量		计划单价	金额	过账
规格及名称			请领	实发			
圆钢		千克	4 000	4 000	10.00	4 000.00	
角钢		千克	3 000	3 000	5.00	1 500.00	
工作单号	1220	用途					
工作项目							

仓库负责人：　　　　记账：　　　　发料：王红　　　　领料：

凭证 2-15

辽宁增值税专用发票

记账联

开票日期：2014 年 7 月 9 日

购货单位	名　　称：东方明珠有限公司 纳税人识别号：3708662346633898 地 址、电 话：辽阳市民主路 16 号 6230355 开户行及账号：工商银行民主路支行 8040-4129	密码区	6+-〈2〉6〉927+296+/ *加密版本 01 446〈600375〈35〉〈4/ * 37009931410 2-2〈2051+24+2618〈7 07050445 /3-15〉〉09/5/-1〉〉〉+2

货物或应税劳务名称	规格型号	单位	数量	单价	金额	税率	税额
甲产品	CG-1	件	500	200.00	100 000.00	17%	17 000.00
甲产品	HG-2	件	500	100.00	50 000.00		8 500.00
合　计					¥150 000.00		¥25 500.00
价税合计（大写）	⊗ 拾柒万伍仟伍佰元整				（小写）¥175 500.00		

销货单位	名称：辽化钢管有限公司 纳税人识别号：370863786263589 地址、电话：辽阳市民主路 108 号 65560368 开户行及账号：中国建设银行福州路支行 560101180016	备注	

收款人　　复核　　开票人　张强　　销货单位：（章）

第三联 记账联 销货方记账凭证

凭证 2-16

中国工商银行 **转账支票**　　No. 33889890

出票日期（大写）贰零壹伍　年　柒　月　玖　日　　付款行名称：工商银行民主路支行

收款人：辽化钢管有限公司　　出票人账号：8040-4129

本支票付款期限十天

人民币（大写）	百	十	万	千	百	十	元	角	分
拾柒万伍仟伍佰元	¥	1	7	5	5	0	0	0	0

用途 购货款

上列款项请从

我账户内支付

出票人签章　　复核　　记账

凭证 2-17

<table>
<tr><td rowspan="2">中国建设银行
现金支票存根
No.33889990
附加信息

出票日期 2014 年 7 月 10 日
收款人：
金　额：￥386 566.30
用　途：发工资
单位主管　　会计</td><td>中国建设银行 现金支票　　No. 33889990
出票日期（大写）贰零壹伍 年 柒月 壹拾日　　付款行名称：建设银行福州路支行
收款人：烟台斯凯特钢管有限公司　　出票人账号：560101180016</td></tr>
<tr><td>本支票付款期限十天
人民币（大写）叁万捌仟伍佰陆拾陆元叁角
百 十 万 千 百 十 元 角 分
　 ￥ 3 8 5 6 6 3 0
用途发工资
上列款项请从
我账户内支付
出票人签章　　复核　　记账</td></tr>
</table>

凭证 2-18

辽宁省商品销售统一发票

客户名称及地址：辽化钢管有限公司　　2014 年 7 月 18 日 填制

品名规格	单位	数量	单价	金额						
				万	千	百	十	元	角	分
笔记本	本	20	6.00			1	2	0	0	0
钢　笔	支	12	13.80			1	6	5	6	0
合　计						2	8	5	6	0
合计金额（大写）贰佰捌拾伍元陆角零分										

第二联发票

填票人：刘静　　收款人：王丽鹏　　单位名称（盖章）

第三部分 商贸企业综合实训

一、实训目的和要求

（一）实训目的

本实训按照新注册商贸企业经济业务发生的时间顺序，将有关原始凭证详细地展现，通过该实训的模拟操作，学生能对新开办商贸企业的经济业务有一个完整的认识，对会计工作的流程有详细的了解，熟悉会计工作的起点——建账。

（二）实训要求

（1）全面了解新开办商贸企业的经济业务，为企业设计应购置的账簿。

（2）根据商贸企业经济业务的特点，按照《小企业会计制度》（见本章附录 1）为企业开设账户。

（3）根据经济业务的原始凭证，编制记账凭证、登记账簿、编制会计报表。

（4）根据企业的性质（小规模纳税人、辅导期一般纳税人）练习填制纳税申报表。

二、模拟企业基本情况介绍

（1）安徽合肥益益商贸企业于 2014 年 4 月 18 日领取营业执照正、副本，其注册号为 34010000×××××××，企业注册类型为私营有限责任公司，主要经营汽车零配件、汽车护理用品，同时提供技术服务与咨询；其注册资本为 60 万元；营业地址：安徽省合肥市三里街汽配城 55 号；法人代表：刘益。

（2）该企业于 2014 年 4 月 18 日取得开户许可证，开户行为工商银行合肥学院路支行，其账号为 10213010210000×××××。

（3）该企业于 2014 年 4 月 19 日取得中华人民共和国组织机构代码证正、副本，代码为 5606×××××。

（4）该企业于 2014 年 4 月 20 日取得地税登记证正、副本，地税代码的章号为 0265××××。

（5）该企业于 2014 年 4 月 20 日取得国税登记证正、副本，国税代码章号为 6079××××，税务登记号为 110102798744×××。

三、模拟企业会计核算方法

（1）该企业执行《小企业会计制度》。

（2）该企业业务量较小，按照《小企业会计制度》的规定可以不单独设置“管理费用”科目，其核算内容并入“销售费用”。

（3）增值税税率为 3%，城市维护建设税税率为 7%，教育费附加税税率为 3%，地方教育费附加征收率为 2%。

四、模拟资料 1（小规模纳税人）

（一）4 月份经济业务

（1）18 日，收到开户银行转来银行进账单一张，其款项为 600 000 元，见凭证 3–1。

（2）19 日，购买现金支票、转账支票、进账单、电汇凭证等，以银行存款支付，其凭证费及手续费为 50 元，见凭证 3–2。

（3）19 日，开出现金支票一张，提取备用金 40 000 元，见凭证 3–3。

（4）22 日，以现金支付企业登记费 500 元，见凭证 3–4。

（5）23 日，以现金 20 元支付购买发票款，见凭证 3–5。

（6）24 日，员工王元预借差旅费 10 000 元，开出现金支票一张，见凭证 3–6。

（7）25 日，计算筹建期间应付工资费用 13 000 元，见凭证 3–7。

（8）28 日，以电汇方式预付广州胜利汽配厂购货款 15 000 元，支付邮电费和手续费 10.50 元，见凭证 3–8 和凭证 3–9。

（9）28 日，收到苏州启程汽车有限公司预付购货款 19 680 元，见凭证 3–10。

（10）28 日，以转账支票 45 000 元购入汽车坐垫 100 套已入库，见凭证 3–11 和凭证 3–12。

（11）月末，结转损益类账户。

（12）月末，结转“本年利润”账户。

（二）4 月份纳税申报（国税、地税零申报）

该企业 4 月份取得了国税与地税税务登记证，在 5 月 1 日—15 日应进行纳税申报。

1．国税纳税申报资料

适用于小规模纳税人的增值税纳税申报表（见附表 3–1）。

2．地税纳税申报资料

无应纳税（费）款申报书（见附表 3-2）。

五、模拟资料 2（小规模纳税人）

（一）5 月份经济业务

（1）8 日，电汇给永发公司广告费 9 000 元，支付邮电费和手续费 5.50 元，见凭证 3-13 和凭证 3-14。

（2）8 日，以现金支付国税购买发票款 100 元，见凭证 3-15。

（3）8 日，签发转账支票，委托银行支付筹建期间的工资 13 000 元，见凭证 3-16 和凭证 3-17。

（4）13 日，向苏州启程汽车有限公司销售汽车坐垫 10 套，开出发票金额为 7 000 元，以现金支付运费 87 元，见凭证 3-18 和凭证 3-19。

（5）16 日，收到北京安生技术公司技术服务费用 1 000 元，支票已送存银行，进账单及发票见凭证 3-20 和凭证 3-21。

（6）21 日，收到开户银行利息传票一张，利息收入 435.27 元，见凭证 3-22。

（7）27 日，收到洛阳鸿运汽车公司预付购货款 28 800 元，见凭证 3-23。

（8）30 日，计算本月应付工资合计 9 500 元，见凭证 3-24。

（9）30 日，结转本月销售商品的成本。

（10）30 日，计算本月应缴的城市维护建设税和教育费附加。

（11）月末，结转损益类账户。

（12）月末，结转“本年利润”账户。

（二）5 月份纳税申报表

该企业 5 月份取得了商品销售收入和技术服务收入，所以本月份国税和地税均为有税申报，所应交税费应在下月 15 日之前缴纳。

1．国税纳税申报材料

适用于小规模纳税人的增值税纳税申报表（见附表 3-1）。

2．地税纳税申报材料

安徽省合肥市地方税务局综合纳税申报表（见附表 3-3），电子缴库专用缴款书（见附表 3-4），中华人民共和国企业所得税月（季）度预缴纳申报表（见附表 3-5）。

（三）辅导期一般纳税人的税务管理

2010 年 2 月 10 日国家税务总局颁布了《增值税一般纳税人资格认定管理办法》（国家税务总局令第 22 号），2010 年 4 月 7 日国家税务总局又下发了《增值税一般纳税人纳税辅导期管理办法》

（国税发〔2010〕40 号，以下简称《办法》）明确新办小型商贸批发企业及国家税务总局规定的其他一般纳税人应当在一定时期内实行纳税辅导期管理（以下简称辅导期）。

1．辅导期一般纳税人的范围

纳入辅导期管理的增值税一般纳税人主要有两类：一是新认定的小型商贸批发企业一般纳税人，即注册资金在 80 万元（含 80 万元）以下、职工人数在 10 人（含 10 人）以下的商品批发业，但只从事出口贸易，不需要使用增值税专用发票的企业除外；二是国家税务总局规定的其他一般纳税人，具体指具有增值税偷税数额占应纳税额的 10%以上并且偷税数额在 10 万元以上或者骗取出口退税、虚开增值税扣税凭证或国家税务总局规定其他情形之一的一般纳税人。《办法》规定新认定为一般纳税人的小型商贸批发企业实行纳税辅导期管理期限为 3 个月；其他一般纳税人实行纳税辅导期管理期限为 6 个月。

根据上述规定结合合肥益益商贸企业的情况，可见该企业属于第一类情况，需要接受为期三个月的纳税辅导期管理。

2．辅导期纳税人的专用发票管理

对辅导期一般纳税人实行限额限量发售专用发票制度。

（1）小型商贸批发企业辅导期一般纳税人只能领购、使用最高开票限额不超过十万元版的专用发票；其他辅导期一般纳税人可根据实际经营情况申请领购相适限额的专用发票。

（2）辅导期纳税人每次专用发票领购量限定不能超过 25 份，再次领购时其领购份数不能超过核定每次领购份数与结存未使用空白专用发票份数的差额数。如：某辅导期一般纳税人现有库存空白专用发票 3 份，限购量每次 15 份，则在购票时只能领购 12 份。

（3）辅导期纳税人在一个月内需要多次领购专用发票时，从第二次领购专用发票起，按照上一次已领购并开具专用发票销售额的 3%预缴增值税，但预缴的税款可在本期申报应交纳增值税税额中抵减，抵减后仍有余额的，可抵减下月再次领购专用发票时应当预缴的增值税税额，纳税辅导期结束后，因增购专用发票发生的预缴增值税有余额的，由主管税务机关在纳税辅导期结束后的第一个月内退还。

3．辅导期纳税人增值税的会计处理

（1）辅导期纳税人取得的增值税专用发票抵扣联、海关进口增值税专用缴款书以及运输费用结算单据应在交叉稽核比对无误后方可申报抵扣进项税额。

（2）辅导期一般纳税人应当在“应交税费”科目下增设“待抵扣进项税额”明细科目，核算尚未交叉稽核比对的专用发票抵扣联、海关进口增值税专用缴款书以及运输费用结算单据（以下简称增值税抵扣凭证）注明或者计算的进项税额。

取得增值税抵扣凭证时，将支付或计算提取的增值税进项税额记入“应交税费——待抵扣进项税额”明细科目借方，交叉稽核比对无误后按会计核算的要求同时记入“应交税费——应交增值税（进项税额）”科目借方和“应交税费——待抵扣进项税额”科目贷方。经交叉稽核比对不符的增值税抵扣凭证用红字冲销“应交税费——待抵扣进项税额”借方和相关资产或成本费用科目贷方相应的当期发生额。

六、模拟资料3（辅导期一般纳税人）

（一）6月份经济业务

（1）2 日，以银行存款上交上月份的应交增值税、城市维护建设税、教育费附加和地方教育费附加，合计228.35元。见凭证3–25和凭证3–26。

（2）5日，签发转账支票，委托银行支付5月份的工资9 500元，见凭证3–27和凭证3–28。

（3）5 日，广州胜利汽配厂发来汽车香水一批已验收入库，增值税发票一并收到，价税合计10 000元，见凭证3–29。

（4）8日，销售给苏州启程汽车有限公司汽车香水一批，增值税发票价税合计12 680元，以现金支付铁路运费48元，见凭证3–30和凭证3–31。

（5）30日，计算本期应交的城市维护建设税、教育费附加和地方教育费附加。

（6）30日，计算并结转销售商品的成本。

（7）30日，结转损益类账户。

（8）30日，结转“本年利润”账户。

（二）6月份纳税申报表（国税、地税有税申报）

1．国税纳税申报表

该月份国税纳税申报，主要包括：增值税一般纳税人的增值税纳税申报表（见附表3–6），增值税纳税申报表附列资料（表一）（见表 3–7），增值税纳税申报表附列资料（表二）（见附表 3–8），固定资产进项税额抵扣情况表（见附表3–9）。

2．地税纳税申报表

安徽省合肥市地方税务局综合纳税申报表（见附表 3–3），电子缴库专用缴款书（见附表 3–4），中华人民共和国企业所得税月（季）度预缴纳申报表（见附表3–5）。

（三）6 月份国税纳税申报表注释

1.《增值税纳税申报表（适用于一般纳税人）》填表说明　本申报表适用于增值税一般纳税人填报。增值税一般纳税人销售按简易办法缴纳增值税的货物，也使用本表。

“税款所属时间”指纳税人申报的增值税应纳税额的所属时间，应填写具体的起止年、月、日

“填表日期”指纳税人填写本表的具体日期

“所属行业”栏，按照国民经济行业分类与代码中的最细项（小类）进行填写（实务中，软件系统中已列示行业分类可结合企业经营特点，进行勾选）

增值税纳税申报表

（适用于增值税一般纳税人）

根据《中华人民共和国增值税暂行条例》第二十二条和第二十三条的规定制定本表。纳税人不论有无销售额，均应按主管税务机关核定的纳税期限按期填报本表，并于次月一日起十五日内，向当地税务机关申报。

税款所属时间：自　年　月　日至　年　月　日　　填表日期：　年　月　日　　金额单位：元至角分

纳税人识别号						
纳税人名称	（公章）	法定代表人姓名		注册地址		营业地址
开户银行及账号		企业登记注册类型			电话号码	

所属行业：

“纳税人识别号”栏，填写税务机关为纳税人确定的识别号，即：税务登记证号码

“纳税人名称”栏，填写纳税人单位名称全称，不得填写简称

“法定代表人姓名”栏，填写纳税人法定代表人的姓名

“注册地址”栏，填写纳税人税务登记证所注明的详细地址

“营业地址”栏，填写纳税人营业地的详细地址

“开户银行及账号”栏，填写纳税人开户银行的名称和纳税人在该银行的结算账户号码

“企业登记注册类型”栏，按税务登记证填写

“电话号码”栏，填写纳税人注册地和经营地的电话号码

第1栏填写纳税人本期按适用税率缴纳增值税的应税货物和应税劳务的销售额（销货退回的销售额用负数表示）。包括在财务上不作销售但按税法规定应缴纳增值税的视同销售货物和价外费用销售额，外贸企业作价销售进料加工复出口的货物，税务、财政、审计部门检查按适用税率计算调整的销售额。“一般货物及劳务”的“本月数”栏数据与“即征即退货物及劳务”的“本月数”栏数据之和，应等于“增值税纳税申报表附列资料（表一）”第7栏的“合计”中的“销售额”数。“本年累计”栏数据，应为年度内各月数之和

第2栏填写纳税人本期按适用税率缴纳增值税的应税货物的销售额（销货退回的销售额用负数表示）。包括在财务上不作销售但按税法规定应缴纳增值税的视同销售货物和价外费用销售额，以及外贸企业作价销售进料加工复出口的货物。“一般货物及劳务”的“本月数”栏数据与“即征即退货物及劳务”的“本月数”栏数据之和，应等于“增值税纳税申报表附列资料（表一）”第5栏的“应税货物”中17%税率“销售额”与13%税率“销售额”的合计数。“本年累计”栏数据，应为年度内各月数之和

“一般货物及劳务”是指享受即征即退的货物及劳务以外的其他货物及劳务

项　目		栏　次	一般货物及劳务		即征即退货物及劳务	
			本月数	本年累计	本月数	本年累计
销售额	（一）按适用税率征税货物及劳务销售额	1				
	其中：应税货物销售额	2				
	应税劳务销售额	3				
	纳税检查调整的销售额	4				
	（二）按简易征收办法征税货物销售额	5				
	其中：纳税检查调整的销售额	6				
	（三）免、抵、退办法出口货物销售额	7			——	——
	（四）免税货物及劳务销售额	8			——	——
	其中：免税货物销售额	9			——	——
	免税劳务销售额	10			——	——

第4栏填写纳税人本期因税务、财政、审计部门检查、并按适用税率计算调整的应税货物和应税劳务的销售额。但享受即征即退税收优惠政策的货物及劳务经税务稽查发现偷税的，不得填入“即征即退货物及劳务”部分，而应将本部分销售额在“一般货物及劳务”栏中反映。“一般货物及劳务”的“本月数”栏数据与“即征即退货物及劳务”的“本月数”栏数据之和，应等于“增值税纳税申报表附列资料（表一）”第6栏的“小计”中的“销售额”数。“本年累计”栏数据，应为年度内各月数之和

第3栏“应税劳务销售额”，填写纳税人本期按适用税率缴纳增值税的应税劳务的销售额。“一般货物及劳务”的“本月数”栏数据与“即征即退货物及劳务”的“本月数”栏数据之和，应等于“增值税纳税申报表附列资料（表一）”第5栏的“应税劳务”中的“销售额”数。“本年累计”栏数据，应为年度内各月数之和

“即征即退货物及劳务”是指纳税人按照税法规定享受即征即退税收优惠政策的货物及劳务

第5栏填写纳税人本期按简易征收办法征收增值税货物的销售额（销货退回的销售额用负数表示）。包括税务、财政、审计部门检查、并按简易征收办法计算调整的销售额。“一般货物及劳务”的“本月数”栏数据与“即征即退货物及劳务”的“本月数”栏数据之和，应等于“增值税纳税申报表附列资料（表一）”第14栏的“小计”中的“销售额”数。“本年累计”栏数据，应为年度内各月数之和

第6栏填写纳税人本期因税务、财政、审计部门检查、并按简易征收办法计算调整的销售额，但享受即征即退税收优惠政策的货物及劳务经税务稽查发现偷税的，不得填入“即征即退货物及劳务”部分，而应将本部分销售额在“一般货物及劳务”栏中反映。“一般货物及劳务”的“本月数”栏数据与“即征即退货物及劳务”的“本月数”栏数据之和，应等于“增值税纳税申报表附列资料（表一）”第13栏的“小计”中的“销售额”数。“本年累计”栏数据，应为年度内各月数之和

第7栏填写纳税人本期执行免、抵、退办法出口货物的销售额（销货退回的销售额用负数表示）。“本年累计”栏数据，应为年度内各月数之和

项目		栏次	一般货物及劳务		即征即退货物及劳务	
			本月数	本年累计	本月数	本年累计
销售额	（一）按适用税率征税货物及劳务销售额	1				
	其中：应税货物销售额	2				
	应税劳务销售额	3				
	纳税检查调整的销售额	4				
	（二）按简易征收办法征税货物销售额	5				
	其中：纳税检查调整的销售额	6				
	（三）免、抵、退办法出口货物销售额	7			——	——
	（四）免税货物及劳务销售额	8			——	——
	其中：免税货物销售额	9			——	——
	免税劳务销售额	10			——	——

第8栏填写纳税人本期按照税法规定直接免征增值税的货物及劳务的销售额及适用零税率的货物及劳务的销售额（销货退回的销售额用负数表示），但不包括适用免、抵、退办法出口货物的销售额。“一般货物及劳务”的“本月数”栏数据，应等于“增值税纳税申报表附列资料（表一）”第18栏的“小计”中的“销售额”数。“本年累计”栏数据，应为年度内各月数之和

第9栏填写纳税人本期按照税法规定直接免征增值税货物的销售额及适用零税率货物的销售额（销货退回的销售额用负数表示），但不包括适用免、抵、退办法出口货物的销售额。“一般货物及劳务”的“本月数”栏数据，应等于“增值税纳税申报表附列资料（表一）”第18栏的“免税货物”中的“销售额”数。“本年累计”栏数据，应为年度内各月数之和

第10栏填写纳税人本期按照税法规定直接免征增值税劳务的销售额及适用零税率劳务的销售额（销货退回的销售额用负数表示）。“一般货物及劳务”的“本月数”栏数据，应等于“增值税纳税申报表附列资料（表一）”第18栏的“免税劳务”中的“销售额”数。“本年累计”栏数据，应为年度内各月数之和

第11栏填写纳税人本期按适用税率计征的销项税额。该数据应与“应交税费——应交增值税”明细科目贷方“销项税额”专栏本期发生数一致。“一般货物及劳务”的“本月数”栏数据与“即征即退货物及劳务”的“本月数”栏数据之和，应等于“增值税纳税申报表附列资料（表一）”第7栏的“小计”中的“销项税额”数。“本年累计”栏数据，应为年度内各月数之和

第12栏填写纳税人本期申报抵扣的进项税额。该数据应与“应交税费——应交增值税”明细科目借方“进项税额”专栏本期发生数一致。“一般货物及劳务”的“本月数”栏数据与“即征即退货物及劳务”的“本月数”栏数据之和，应等于“增值税纳税申报表附列资料（表二）”第12栏中的“税额”数。“本年累计”栏数据，应为年度内各月数之和

项　目		栏　次	一般货物及劳务		即征即退货物及劳务	
			本月数	本年累计	本月数	本年累计
税款计算	销项税额	11				
	进项税额	12				
	上期留抵税额	13		——		——
	进项税额转出	14				
	免抵退货物应退税额	15			——	——
	按适用税率计算的纳税检查应补缴税额	16			——	——
	应抵扣税额合计	17=12+13-14-15+16		——		——
	实际抵扣税额	18（如17<11，则为17，否则为11）				
	应纳税额	19=11-18				
	期末留抵税额	20=17-18		——		——
	简易征收办法计算的应纳税额	21				
	按简易征收办法计算的纳税检查应补缴税额	22			——	——
	应纳税额减征额	23				
	应纳税额合计	24=19+21-23				

第13栏为纳税人前一申报期的“期末留抵税额”数，该数据应与“应交税费——应交增值税”明细科目借方月初余额一致

第14栏填写纳税人已经抵扣但按税法规定应作进项税转出的进项税额总数，但不包括销售折扣、折让，销货退回等应负数冲减当期进项税额的数额。读数据应与“应交税费——应交增值税”明细科目贷方“进项税额转出”专栏本期发生数一致。“一般货物及劳务”的“本月数”栏数据与“即征即退货物及劳务”的“本月数”栏数据之和，应等于“增值税纳税申报表附列资料（表二）”第13栏中的“税额”数。“本年累计”栏数据，应为年度内各月数之和

第15栏填写退税机关按照出口货物免、抵、退办法审批的应退税额。“本年累计”栏数据，应为年度内各月数之和

第16栏填写税务、财政、审计部门检查按适用税率计算的纳税检查应补缴税额。“本年累计”栏数据，应为年度内各月数之和

第17栏填写纳税人本期应抵扣进项税额的合计数

项目		栏次	一般货物及劳务		即征即退货物及劳务	
			本月数	本年累计	本月数	本年累计
税款计算	销项税额	11				
	进项税额	12				
	上期留抵税额	13		——		——
	进项税额转出	14				
	免抵退货物应退税额	15			——	——
	按适用税率计算的纳税检查应补缴税额	16			——	——
	应抵扣税额合计	17=12+13-14-15+16		——		——
	实际抵扣税额	18（如17<11，则为17，否则为11）				
	应纳税额	19=11-18				
	期末留抵税额	20=17-18		——		——
	简易征收办法计算的应纳税额	21				
	按简易征收办法计算的纳税检查应补缴税额	22			——	——
	应纳税额减征额	23				
	应纳税额合计	24=19+21-23				

第18栏填写纳税人本期实际抵扣的进项税额。“本年累计”栏数据，应为年度内各月数之和

第19栏“按适用税率计算的应纳税额”，填写纳税人本期按适用税率计算并应缴纳的增值税额。“本年累计”栏数据，应为年度内各月数之和

第20栏“期末留抵税额”，为纳税人在本期销项税额中尚未抵扣完，留待下期继续抵扣的进项税额。该数据应与“应交税费——应交增值税”明细科目借方月末余额一致

第21栏“按简易征收办法计算的应纳税额”，填写纳税人本期按简易征收办法计算并应缴纳的增值税额，但不包括按简易征收办法计算的纳税检查应补缴税额。“一般货物及劳务”的“本月数”栏数据与“即征即退货物及劳务”的“本月数”栏数据之和，应等于“增值税纳税申报表附列资料（表一）”第12栏的“小计”中的“应纳税额”数。“本年累计”栏数据，应为年度内各月数之和

第23栏“应纳税额减征额”，填写纳税人本期按照税法规定减征的增值税应纳税额。“本年累计”栏数据，应为年度内各月数之和

项　目		栏 次	一般货物及劳务		即征即退货物及劳务	
			本月数	本年累计	本月数	本年累计
税款计算	销项税额	11				
	进项税额	12				
	上期留抵税额	13		——		——
	进项税额转出	14				
	免抵退货物应退税额	15			——	——
	按适用税率计算的纳税检查应补缴税额	16			——	——
	应抵扣税额合计	17=12+13-14-15+16		——		——
	实际抵扣税额	18（如17<11，则为17，否则为11）				
	应纳税额	19=11-18				
	期末留抵税额	20=17-18		——		——
	按简易征收办法计算的应纳税额	21				
	按简易征收办法计算的纳税检查应补缴税额	22			——	——
	应纳税额减征额	23				
	应纳税额合计	24=19+21-23				

第22栏“按简易征收办法计算的纳税检查应补缴税额”，填写纳税人本期因税务、财政、审计部门检查并按简易征收办法计算的纳税检查应补缴税额。“一般货物及劳务”的“本月数”栏数据与“即征即退货物及劳务”的“本月数”栏数据之和，应等于“增值税纳税申报表附列资料（表一）”第13栏的“小计”中的“应纳税额”数。“本年累计”栏数据，应为年度内各月数之和

第24栏“应纳税额合计”，填写纳税人本期应缴增值税的合计数。“本年累计”栏数据，应为年度内各月数之和

第25栏为纳税人前一申报期的“期末未缴税额（多缴为负数）”

第26栏填写纳税人本期实际收到税务机关退回的，因开具《出口货物税收专用缴款书》而多缴的增值税款。该数据应根据“应交税费——未交增值税”明细科目贷方本期发生额中“收到税务机关退回的多缴增值税款”数据填列。“本年累计”栏数据，为年度内各月数之和

第27栏是指纳税人本期实际缴纳的增值税额，但不包括本期入库的查补税款。“本年累计”栏数据，为年度内各月数之和

项　目		栏　次	一般货物及劳务		即征即退货物及劳务	
			本月数	本年累计	本月数	本年累计
税款缴纳	期初未缴税额（多缴为负数）	25				
	实收出口开具专用缴款书退税额	26			——	——
	本期已缴税额	27=28+29+30+31				
	①分次预缴税额	28		——		——
	②出口开具专用缴款书预缴税额	29		——	——	——
	③本期缴纳上期应纳税额	30				
	④本期缴纳欠缴税额	31				
	期末未缴税额（多缴为负数）	32=24+25+26−27				
	期中：欠缴税额（≥0）	33=25+26−27		——		——
	本期应补（退）税额	34=24−28−29		——		——
	即征即退实际退税额	35	——	——		
	期初未缴查补税额	36			——	——
	本期入库查补税额	37			——	——
	期末未缴查补税额	38=16+22+36−37			——	——

第28栏填写纳税人本期分次预缴的增值税额

第29栏填写纳税人本期销售出口货物而开具专用缴款书向主管税务机关预缴的增值税额

第30栏填写纳税人本期上缴上期应缴未缴的增值税款，包括缴纳上期按简易征收办法计提的应缴未缴的增值税额。“本年累计”栏数据，为年度内各月数之和

第31栏“④本期缴纳欠缴税额”填写纳税人本期实际缴纳的增值税欠税额，但不包括缴纳入库的查补增值税额。“本年累计”栏数据，为年度内各月数之和

第32栏为纳税人本期期末应缴未缴的增值税额，但不包括纳税检查应缴未缴的税额。“本年累计”栏与“本月数”栏数据相同

第33栏为纳税人按照税法规定已形成欠税的数额

第34栏为纳税人本期应纳税额中应补缴或应退回的数额

第35栏填写纳税人本期因符合增值税即征即退优惠政策规定，而实际收到的税务机关返还的增值税额。“本年累计”栏数据，为年度内各月数之和

项　　目		栏　次	一般货物及劳务		即征即退货物及劳务	
			本月数	本年累计	本月数	本年累计
税款缴纳	期初未缴税额（多缴为负数）	25				
	实收出口开具专用缴款书退税额	26			——	——
	本期已缴税额	27=28+29+30+31				
	①分次预缴税额	28		——		——
	②出口开具专用缴款书预缴税额	29		——	——	——
	③本期缴纳上期应纳税额	30				
	④本期缴纳欠缴税额	31				
	期末未缴税额（多缴为负数）	32=24+25+26−27				
	期中：欠缴税额（≥0）	33=25+26−27		——		——
	本期应补（退）税额	34=24−28−29		——		——
	即征即退实际退税额	35	——	——		
	期初未缴查补税额	36			——	——
	本期入库查补税额	37			——	——
	期末未缴查补税额	38=16+22+36−37			——	——

第36栏为纳税人前一申报期的“期末未缴查补税额”。读数据与本表第25项“期初未缴税额（多缴为负数）”栏数据之和，应与“应交税费——未交增值税”明细科目期初余额一致。“本年累计”栏数据应填写纳税人上年度末的“期末未缴查补税额”数

第37栏填写纳税人本期因税务、财政、审计部门检查而实际入库的增值税款，包括：1.按适用税率计算并实际缴纳的查补增值税款；2.按简易征收办法计算并实际缴纳的查补增值税款。“本年累计”栏数据，为年度内各月数之和

第38栏为纳税人纳税检查本期期末应缴未缴的增值税额。读数据与本表第32项“期末未缴税额（多缴为负数）”栏数据之和，应与“应交税费——未交增值税”明细科目期初余额一致。“本年累计”栏与“本月数“栏数据相同

2. “增值税纳税申报表附列资料（表一）”填表说明

“纳税人名称”栏，应加盖纳税人单位公章

“税款所属时间”是指纳税人申报的增值税应纳税额的所属时间，应填写具体的起止年、月，与“增值税纳税申报表（适用于一般纳税人”的“税款所属时间”一致

“填表日期”指纳税人填写本表的具体日期

增值税纳税申报表附列资料（表一）

（本期销售情况明细）

税款所属时间： 年 月

纳税人名称(公章) 填表日期： 年 月 日 金额单位：元至角分

一、按适用税率征收增值税货物及劳务的销售额和销项税额明细													
项目	栏次	应税货物						应税劳务			小计		
		17%税率			13%税率								
		份数	销售额	销项税额	份数	销售额	销项税额	份数	销售额	销项税额	份数	销售额	销项税额
防伪税控系统开具的增值税专用发票	1												
非防伪税控系统开具的增值税专用发票	2	—	—	—	—	—	—	—	—	—	—	—	—
开具普通发票	3												
未开具发票	4	—			—			—			—		
小计	5=1+2+3+4	—			—			—			—		
纳税检查调整	6	—			—			—			—		
合计	7=5+6	—			—			—			—		

第2栏不填写

第1栏填写税款所属期内适用税率征收增值税货物及劳务，通过防伪税控开票子系统开具的增值税专用发票情况和通过机动车销售统一发票税控系统开具的机动车销售统一发票情况。包括销货退回或折让、视同销售货物、价外费用的销售额和销项税额，但不包括免税货物及劳务的销售额，适用零税率货物及劳务的销售额和出口执行免、抵、退办法的销售额以及税务、财政、审计部门检查并调整的销售额、销项税额。在应税货物的17%税率栏、应税货物的13%税率栏、应税劳务栏分别填列。小计栏应等于上述三栏数据的和，且应等于税款所属期内防伪税控开票子系统按照税率开具的增值税专用发票和机动车销售统一发票税控系统按照税率开具发票份数（包括作废、红字发票份数）、销售额、销项税额的合计

第3栏填写税款所属期内适用税率征收增值税货物及劳务，通过防伪税控开票子系统开具的增值税普通发票情况和其他增值税普通发票（如：商业企业专用发票、工业企业专用发票、非税控系统开具的机动车销售统一发票等需要缴纳增值税的普通发票）情况。包括销货退回或折让、视同销售货物、价外费用的销售额和销项税额，但不包括免税货物及劳务的销售额，适用零税率货物及劳务的销售额和出口执行免、抵、退办法的销售额以及税务、财政、审计部门检查并调整的销售额、销项税额。在应税货物的17%税率栏、应税货物的13%税率栏、应税劳务栏分别填列。小计栏应等于上述三栏数据的和，且应等于税款所属期内防伪税控开票子系统按照税率开具的增值税普通发票和适用税率缴纳税款的其他增值税普通发票发票份数（包括作废、红字发票份数）、销售额、销项税额的合计

增值税纳税申报表附列资料（表一）

（本期销售情况明细）

税款所属时间：　　年　月

纳税人名称：　（公章）　　　　填表日期：　年　月　日　　　　金额单位：元至角分

一、按适用税率征收增值税货物及劳务的销售额和销项税额明细													
项　目	栏次	应税货物						应税劳务			小　计		
		17%税率			13%税率								
		份数	销售额	销项税额	份数	销售额	销项税额	份数	销售额	销项税额	份数	销售额	销项税额
防伪税控系统开具的增值税专用发票	1												
非防伪税控系统开具的增值税专用发票	2	——	——	——	——	——	——	——	——	——	——	——	——
开具普通发票	3												
未开具发票	4	——			——			——			——		
小计	5=1+2+3+4	——			——			——			——		
纳税检查调整	6	——			——			——			——		
合计	7=5+6	——			——			——			——		

第4栏填写税款所属期内未开具任何发票，按适用税率征收增值税货物及劳务的情况。包括销货退回或折让、视同销售货物、价外费用的销售额和销项税额，但不包括免税货物及劳务的销售额，适用零税率货物及劳务的销售额和出口执行免、抵、退办法的销售额以及税务、财政、审计部门检查并调整的销售额、销项税额。在应税货物的17%税率栏、应税货物的13%税率栏、应税劳务栏分别填列。小计栏应等于上述三栏数据的和

第6栏填写纳税人本期因税务、财政、审计部门检查、并按适用税率计算调整的应税货物和应税劳务销售额、销项税额情况。在应税货物的17%税率栏、应税货物的13%税率栏、应税劳务栏分别填列。小计栏应等于上述三栏数据的和

第8栏填写税款所属期内适用简易征收办法征收增值税货物，通过防伪税控开票子系统开具的增值税专用发票情况和通过机动车销售统一发票税控系统开具的机动车销售统一发票情况。包括销货退回或折让、视同销售货物、价外费用的销售额和销项税额，但不包括免税货物及劳务的销售额，适用零税率货物及劳务的销售额和出口执行免、抵、退办法的销售额以及税务、财政、审计部门检查并调整的销售额、销项税额。在6%征收率栏、4%征收率栏分别填列。小计栏应等于上述两栏数据的和，且应等于税款所属期内防伪税控开票子系统按照征收率开具的增值税专用发票和机动车销售统一发票税控系统按照征收率开具发票份数（包括作废、红字发票份数）、销售额、应纳税额的合计

第13栏“纳税检查调整”，填写纳税人本期因税务、财政、审计部门检查、并按适用简易征收办法计算调整的应税货物和应税劳务销售额、应纳税额情况。在6%征收率栏、4%征收率栏分别填列。小计栏应等于上述两栏数据的和

第9栏不填写

二、简易征收办法征收增值税货物的销售额和应纳税额明细

项目	栏次	6%征收率			4%征收率			小计		
		份数	销售额	应纳税额	份数	销售额	应纳税额	份数	销售额	应纳税额
防伪税控系统开具的增值税专用发票	8									
非防伪税控系统开具的增值税专用发票	9	——	——	——	——	——	——	——	——	——
开具普通发票	10									
未开具发票	11	——			——			——		
小计	12=8+9+10+11	——			——			——		
纳税检查调整	13	——			——			——		
合计	14=12+13	——			——			——		

第10栏填写税款所属期内适用简易征收办法征收增值税货物，通过防伪税控开票子系统开具的增值税普通发票情况和其他增值税普通发票(如：商业企业专用发票、工业企业专用发票、非税控系统开具的机动车销售统一发票等需要缴纳增值税的普通发票)情况。包括销货退回或折让、视同销售货物、价外费用的销售额和销项税额，但不包括免税货物及劳务的销售额，适用零税率货物及劳务的销售额和出口执行免、抵、退办法的销售额以及税务、财政、审计部门检查并调整的销售额、销项税额。在6%征收率栏、4%征收率栏分别填列。小计栏应等于上述两栏数据的和，且应等于税款所属期内防伪税控开票子系统按照征收率开具的增值税普通发票和适用简易办法缴纳税款的其他增值税普通发票发票份数(包括作废、红字发票份数)、销售额、应纳税额的合计

第11栏“未开具发票”，填写税款所属期内未开具任何发票，按适用简易征收办法征收增值税货物的情况。包括销货退回或折让、视同销售货物、价外费用的销售额和销项税额，但不包括免税货物及劳务的销售额，适用零税率货物及劳务的销售额和出口执行免、抵、退办法的销售额以及税务、财政、审计部门检查并调整的销售额、销项税额。在6%征收率栏、4%征收率栏分别填列。小计栏应等于上述两栏数据的和

第15栏填写本期因销售免税货物而使用防伪税控系统开具的增值税专用发票的份数、销售额和税额，包括国有粮食收储企业销售的免税粮食，政府储备食用植物油等。包括销货退回或折让、视同销售货物、价外费用的销售额以及税务、财政、审计部门检查并调整的销售额。小计栏应等于免税货物栏数据

第16栏填写税款所属期内适用免征增值税的货物、劳务，通过防伪税控开票子系统开具的增值税普通发票情况和其他增值税普通发票(如：商业企业专用发票、工业企业专用发票等)情况。包括销货退回或折让、视同销售货物、价外费用的销售额以及税务、财政、审计部门检查并调整的销售额。在免税货物栏、免税劳务栏分别填列。小计栏应等于上述两栏数据的和，且应等于税款所属期内防伪税控开票子系统按照零税率开具的增值税普通发票和适用免征增值税政策的其他增值税普通发票发票份数（包括作废、红字发票份数）、销售额的合计

三、免征增值税货物及劳务销售额明细										
项目	栏次	免税货物			免税劳务			小计		
		份数	销售额	税额	份数	销售额	税额	份数	销售额	税额
防伪税控系统开具的增值税专用发票	15				——	——	——			
开具普通发票	16			——			——			——
未开具发票	17	——		——	——		——	——		——
合计	18=15+16+17	——			——		——	——		

第17栏填写税款所属期内未开具任何发票，按适用免征增值税货物的情况。包括销货退回或折让、视同销售货物、价外费用的销售额以及税务、财政、审计部门检查并调整的销售额。在免税货物栏、免税劳务栏分别填列。小计栏应等于上述两栏数据的和

3.“增值税纳税申报表附列资料（表二）”填表说明

“纳税人名称”栏，应加盖纳税人单位公章

“本期进项税额明细”均包括固定资产进项税额

“税款所属时间”是指纳税人申报的增值税应纳税额的所属时间，应填写具体的起止年、月，与“增值税纳税申报表（适用于一般纳税人）”的“税款所属时间”一致

“填表日期”指纳税人填写本表的具体日期

增值税纳税申报表附列资料（表二）

（本期进项税额明细）

税款所属时间：　年　月

纳税人名称：（公章）　　　　填表日期：　年　月　日　　　　金额单位：元至角分

一、申报抵扣的进项税额				
项　　目	栏次	份数	金额	税额
（一）认证相符的防伪税控增值税专用发票	1			
其中：本期认证相符且本期申报抵扣	2			
前期认证相符且本期申报抵扣	3			
（二）非防伪税控增值税专用发票及其他扣税凭证	4			
其中：海关进口增值税专用缴款书	5			
农产品收购发票或者销售发票	6			
废旧物资发票	7			
运输费用结算单据	8			
6%征收率	9	——	——	——
4%征收率	10	——	——	——
（三）外贸企业进项税额抵扣证明	11	——	——	
当期申报抵扣进项税额合计	12			

第1栏填写按税法规定符合抵扣条件，本期申报抵扣的认证相符的防伪税控增值税专用发票和防伪税控机动车销售统一发票情况，包括认证相符的红字防伪税控增值税专用发票和红字防伪税控机动车销售统一发票，应等于第2栏“本期认证相符且本期申报抵扣”与第3栏“前期认证相符且本期申报抵扣”数据之和

第2栏填写按税法规定符合抵扣条件，本期认证相符本期申报抵扣的防伪税控增值税专用发票和防伪税控机动车销售统一发票情况，应与第35栏“本期认证相符的全部防伪税控增值税专用发票”减第24栏“本期已认证相符且本期未申报抵扣”后的数据相等

第3栏填写按税法规定符合抵扣条件，前期认证相符本期申报抵扣的防伪税控增值税专用发票和防伪税控机动车销售统一发票情况；填写辅导期纳税人由税务机关告知的稽核比对结果通知书及明细清单注明的稽核相符专用发票、核查结果中允许抵扣的专用发票和防伪税控机动车销售统一发票的份数、金额、税额。应与第23栏“期初已认证相符但未申报抵扣”加第24栏“本期已认证相符且本期未申报抵扣”减第25栏“期末已认证相符但未申报抵扣”后数据相等。此栏仅限辅导期纳税人填报

第4栏填写按税法规定符合抵扣条件，本期申报抵扣的非防伪税控增值税专用发票及其他扣税凭证情况，应等于第5栏至第10栏之和

增值税纳税申报表附列资料（表二）

（本期进项税额明细）

税款所属时间：　年　月

纳税人名称：（公章）　　填表日期：　年　月　日　　金额单位：元至角分

一、申报抵扣的进项税额				
项　目	栏次	份数	金额	税额
（一）认证相符的防伪税控增值税专用发票	1			
其中：本期认证相符且本期申报抵扣	2			
前期认证相符且本期申报抵扣	3			
（二）非防伪税控增值税专用发票及其他扣税凭证	4			
其中：海关进口增值税专用缴款书	5			
农产品收购发票或者销售发票	6			
废旧物资发票	7			
运输费用结算单据	8			
6%征收率	9	——	——	——
4%征收率	10	——	——	——
（三）外贸企业进项税额抵扣证明	11	——	——	
当期申报抵扣进项税额合计	12			

第5栏非辅导期纳税人填写按税法规定符合抵扣条件，本期申报抵扣的海关进口增值税专用缴款书份数、金额、税额；辅导期纳税人填写按税法规定符合抵扣条件，税务机关告知的稽核比对结果通知书及其明细清单注明的稽核相符海关进口增值税专用缴款书、核查结果中允许抵扣的海关进口增值税专用缴款书的份数、金额、税额

第6栏填写按税法规定符合抵扣条件，本期申报抵扣的农产品收购发票或者销售发票的份数、金额、税额

第7栏填写按税法规定符合抵扣条件，本期认证相符本期申报抵扣的2008年12月31日前开具的废旧物资增值税专用发票情况。自2009年5月1起，本栏不再填写

第8栏非辅导期纳税人填写按税法规定符合抵扣条件，本期申报抵扣的运输费用结算单据份数、金额、税额。辅导期纳税人填写税务机关告知的稽核比对结果通知书及其明细清单注明的稽核相符运输费用结算单据、核查结果中允许抵扣的运输费用结算单据的份数、金额、税额

增值税纳税申报表附列资料（表二）

（本期进项税额明细）

税款所属时间：　年　月

纳税人名称：（公章）　　填表日期：　年　月　日　　金额单位：元至角分

一、申报抵扣的进项税额				
项　　目	栏次	份数	金额	税额
（一）认证相符的防伪税控增值税专用发票	1			
其中：本期认证相符且本期申报抵扣	2			
前期认证相符且本期申报抵扣	3			
（二）非防伪税控增值税专用发票及其他扣税凭证	4			
其中：海关进口增值税专用缴款书	5			
农产品收购发票或者销售发票	6			
废旧物资发票	7			
运输费用结算单据	8			
6%征收率	9	——	——	——
4%征收率	10	——	——	——
（三）外贸企业进项税额抵扣证明	11	——	——	
当期申报抵扣进项税额合计	12			

第11栏“税额”栏填写税务机关出口退税部门开具的“外贸企业出口视同内销征税货物进项税额抵扣证明”允许抵扣的进项税额

第12栏应等于第1栏、第4栏、第11栏之和

第9栏不填写

第10栏不填写

第13栏填写纳税人已经抵扣但按税法规定应作进项税额转出的税额，但不包括销售折扣、折让，销货退回等应负数冲减当期进项税额的税额。应等于第14栏至第21栏之和

第14栏填写纳税人已经抵扣进项税额的货物或劳务，用于免税货物，按税法规定应作进项税额转出的税额

第 15 栏填写纳税人已经抵扣进项税额的货物或劳务，用于非增值税应税项目、集体福利或者个人消费，按税法规定应作进项税额转出的税额

第 16 栏填写纳税人已经抵扣进项税额的货物或劳务，发生非正常损失，按税法规定应作进项税额转出的税额

二、进项税额转出额		
项　　目	栏　次	税　额
本期进项税转出额	13	
其中：免税货物用	14	
非应税项目用、集体福利、个人消费	15	
非正常损失	16	
按简易征收办法征税货物用	17	
免抵退税办法出口货物不得抵扣进项税额	18	
纳税检查调减进项税额	19	
未经认证已抵扣的进项税额	20	
红字专用发票通知单注明的进项税额	21	

第17栏填写纳税人已经抵扣进项税额的货物或劳务，用于简易征收办法征税货物，按税法规定应作进项税额转出的税额

第18栏填写纳税人已经抵扣进项税额的货物或劳务，用于免抵退税办法出口货物，按税法规定应作进项税额转出的税额

第19栏填写纳税人已经抵扣进项税额的货物或劳务，按照税务、财政、审计部门检查并调整，作进项税额转出的税额

第20栏填写纳税人未经认证已经抵扣进项税额的货物或劳务，按税法规定应作进项税额转出的税额

第21栏填写纳税人按照主管税务机关开具的“开具红字增值税专用发票通知单”中“需要做进项额转出”的税额（说明栏“需要作进项额转出”项已勾选，对应的开具红字发票内容栏中的“税额”合计）

第23栏填写前期认证相符，但按照税法规定，暂不予抵扣，结存至本期的防伪税控增值税专用发票和防伪税控机动车销售统一发票情况；辅导期纳税人认证相符但未收到稽核比对结果的防伪税控增值税专用发票和防伪税控机动车销售统一发票月初余额数。应与上期“期末已认证相符但未申报抵扣”栏数据相等

第24栏填写本期认证相符，但因按照税法规定暂不予抵扣及按照税法规定不允许抵扣，而未申报抵扣的防伪税控增值税专用发票和防伪税控机动车销售统一发票情况，包括外贸企业购进供出口的货物。辅导期纳税人填写本月已认证相符但未收到稽核比对结果的防伪税控增值税专用发票和防伪税控机动车销售统一发票数据

三、待抵扣进项税额				
项　目	栏 次	份 数	金 额	税 额
（一）认证相符的防伪税控增值税专用发票	22	—	—	—
期初已认证相符但未申报抵扣	23			
本期认证相符且本期未申报抵扣	24			
期末已认证相符但未申报抵扣	25			
其中：按照税法规定不允许抵扣	26			
（二）非防伪税控增值税专用发票及其他扣税凭证	27			
其中：海关进口增值税专用缴款书	28			
农产品收购发票或者销售发票	29			
废旧物资发票	30			
运输费用结算单据	31			
6%征收率	32	—	—	—
4%征收率	33	—	—	—
	34			

第22栏不填写

第25栏填写截至本期期末，按照税法规定仍暂不予抵扣及按照税法规定不允许抵扣且已认证相符的防伪税控增值税专用发票和防伪税控机动车销售统一发票情况；辅导期纳税人填写已认证相符但未收到稽核比对结果的防伪税控增值税专用发票和防伪税控机动车销售统一发票月末余额数

第26栏填写期末已认证相符但未申报抵扣的防伪税控增值税专用发票和防伪税控机动车销售统一发票中，按照税法规定不允许抵扣，而只能作为出口退税凭证或应列入成本、资产等项目的防伪税控增值税专用发票和防伪税控机动车销售统一发票。包括外贸出口企业用于出口而采购货物的防伪税控增值税专用发票、防伪税控机动车销售统一发票等

第27栏填写纳税人已经取得，但按税法规定不符合抵扣条件，暂不予在本期申报抵扣的进项税额情况及按照税法规定不允许抵扣的进项税额情况。应等于第28栏至第33栏之和

第28栏填写辅导期纳税人已经取得，但按税法规定不符合抵扣条件，暂不予在本期申报抵扣的，本月未收到稽核比对结果的海关进口增值税专用缴款书份数、金额、税额（包括本月前已申报未收到稽核比对结果的数据）

第29栏填写纳税人已经取得，但按税法规定不符合抵扣条件，暂不予在本期申报抵扣进项税额的农产品收购发票或者销售发票的份数、金额、税额

三、待抵扣进项税额				
项　　目	栏　次	份　数	金　额	税　额
（一）认证相符的防伪税控增值税专用发票	22	—	—	—
期初已认证相符但未申报抵扣	23			
本期认证相符且本期未申报抵扣	24			
期末已认证相符但未申报抵扣	25			
其中：按照税法规定不允许抵扣	26			
（二）非防伪税控增值税专用发票及其他扣税凭证	27			
其中：海关进口增值税专用缴款书	28			
农产品收购发票或者销售发票	29			
废旧物资发票	30			
运输费用结算单据	31			
6%征收率	32	—	—	—
4%征收率	33	—	—	—
	34			

第33栏不填写

第32栏不填写

第30栏填写纳税人已经取得，但按税法规定不符合抵扣条件，暂不予在本期申报抵扣进项税额的废旧物资增值税专用发票的份数、金额、税额。自2009年5月1日起，本栏不再填写

第31栏填写纳税人已经取得，但按税法规定不符合抵扣条件，暂不予在本期申报抵扣进项税额的，本月未收到稽核比对结果的运输费用结算单据份数、金额、税额（包括本月前已申报未收到稽核比对结果的数据）

第35栏填写税款所属期内认证相符的全部防伪税控增值税专用发票和全部防伪税控机动车销售统一发票的份数、金额、税额。应与防伪税控认证子系统中的本期全部认证相符的防伪税控增值税专用发票数据和公路内河货物运输发票税控系统本期全部认证相符的防伪税控机动车销售统一发票数据的和相同

第36栏不填写

第37栏不填写

四、其他				
项　　目	栏次	份数	金额	税额
本期认证相符的全部防伪税控增值税专用发票	35			
期初已征税款挂账额	36	—	—	
期初已征税款余额	37	—	—	
代扣代缴税额	38	—	—	

注：第1栏＝第2栏+第3栏＝第23栏+第35栏−第25栏；第2栏＝第35栏−第24栏；第3栏＝第23栏+第24栏−第25栏；第4栏等于第5栏至第10栏之和；
第12栏＝第1栏+第4栏+第11栏；第13栏等于第14栏至第21栏之和；第27栏等于第28栏至第34栏之和。

第38栏填写纳税人根据《中华人民共和国增值税暂行条例》第十八条的规定扣缴的增值税额

4. “固定资产进项税额抵扣情况表”填表说明

“填表日期”，指纳税人填写本表的具体日期

“纳税人识别号”，填写税务机关为纳税人确定的识别号，即：税务登记证号码

纳税人名称（公章）”，应加盖纳税人单位公章

“增值税专用发票——当期申报抵扣的固定资产进项税额”栏，填写按税法规定符合抵扣条件且属于《中华人民共和国增值税暂行条例实施细则》第二十一条规定的固定资产范围。非辅导期纳税人填写本期申报抵扣的认证相符的防伪税控增值税专用发票和防伪税控机动车销售统一发票上注明的税额合计，包括认证相符的红字防伪税控增值税专用发票和红字防伪税控机动车销售统一发票；辅导期纳税人填写由税务机关告知的稽核比对结果通知书及明细清单注明的稽核相等专用发票、核查结果中允许抵扣的专用发票和防伪税控机动车销售统一发票的税额。本栏数据包含在“增值税纳税申报表附列资料（表二）”的“认证相符的防伪税控增值税专用发票”（第1栏）数据中

固定资产进项税额抵扣情况表

纳税人识别号： 纳税人名称（公章）：

填表日期： 年 月 日 金额单位：元至角分

项　　目	当期申报抵扣的固定资产进项税额	当期申报抵扣的固定资产进项税额累计
增值税专用发票		
海关进口增值税专用缴款书		
合　　计		

注：本表一式二份，一份纳税人留存，一份主管税务机关留存

“海关进口增值税专用缴款书——当期申报抵扣的固定资产进项税额”栏，填写按税法规定符合抵扣条件且属于《中华人民共和国增值税暂行条例实施细则》第二十一条规定的固定资产范围。非辅导期纳税人填写本期申报抵扣的海关进口增值税专用缴款书的税额；辅导期纳税人填写税务机关告知的稽核比对结果通知书及其明细清单注明的稽核相符海关进口增值税专用缴款书、核查结果中允许抵扣的海关进口增值税专用缴款书的税额。本栏数据包含在“增值税纳税申报表附列资料（表二）”的“其中：海关进口增值税专用缴款书”（第5栏）数据中

“增值税专用发票——当期申报抵扣的固定资产进项税额累计”栏，填写“增值税专用发票——当期申报抵扣的固定资产进项税额”栏的本年累计数

“海关进口增值税专用缴款书——当期申报抵扣的固定资产进项税额累计”栏，填写“增值税专用发票——当期申报抵扣的固定资产进项税额”栏的本年累计数

七、辅导期一般纳税人的转正条件及办理程序

根据关于《增值税一般纳税人纳税辅导期管理办法》的通知（国税发〔2010〕40 号）文件的规定，纳税辅导期内，主管税务机关未发现纳税人存在偷税、逃避追缴欠税、骗取出口退税、抗税或其他需要立案查处的税收违法行为的，从期满的次月起不再实行纳税辅导期管理，主管税务机关应制作、送达《税务事项通知书》，告知纳税人；主管税务机关发现辅导期纳税人存在偷税、逃避追缴欠税、骗取出口退税、抗税或其他需要立案查处的税收违法行为的，从期满的次月起按照本规定重新实行纳税辅导期管理，主管税务机关应制作、送达《税务事项通知书》，告知纳税人。

另外，根据征管流程规定：辅导期一般纳税人于辅导期的最后一个月 15 日—20 日期间（遇节假日顺延）向办税服务厅（综合窗口）提出书面申请，填写《增值税一般纳税人认定审批表》，其格式和内容见本章附表 3-10-1~3-10-10，并附送表“一般纳税人认定核查报告单”“一般纳税人资格认定附送材料”“辅导期一般纳税人跟踪情况反馈单”等其他材料，其格式和内容见附表 3-12、附表 3-13 和附表 3-14。

八、记录及证明经济业务的原始凭证

凭证 3-1

中国工商银行 合肥市×× 支行 进账单 （回 单） 1

2014 年 04 月 18 日 第 号

<table>
<tr><td rowspan="3">付款人</td><td>全 称</td><td colspan="3">刘益</td><td rowspan="3">收款人</td><td>全 称</td><td colspan="11">合肥益益商贸公司</td></tr>
<tr><td>账 号</td><td colspan="3">060-68142505*1</td><td>账 号</td><td colspan="11">10213010210000×××××</td></tr>
<tr><td>开户银行</td><td colspan="3"></td><td>开户银行</td><td colspan="11">工行合肥学院路支行</td></tr>
<tr><td rowspan="2">金额</td><td colspan="6" rowspan="2">人民币
（大写）陆拾万元整</td><td>亿</td><td>千</td><td>百</td><td>十</td><td>万</td><td>千</td><td>百</td><td>十</td><td>元</td><td>角</td><td>分</td></tr>
<tr><td></td><td></td><td>¥</td><td>6</td><td>0</td><td>0</td><td>0</td><td>0</td><td>0</td><td>0</td><td>0</td></tr>
<tr><td colspan="2">票据种类</td><td></td><td>票据张数</td><td></td><td colspan="13" rowspan="3">开户银行盖章</td></tr>
<tr><td colspan="2">票据张数</td><td colspan="3"></td></tr>
<tr><td colspan="5">复核 记账</td></tr>
</table>

此联是开户银行交给收款人的回单或收账通知

凭证 3-2

中国工商银行 业务收费凭证（第五联）

五联 转账 ☑ 现金 ☐ 2014年04月19日

<table>
<tr><td>交费单位</td><td colspan="9">合肥益益商贸公司</td><td rowspan="6">备 注</td></tr>
<tr><td>账 号</td><td colspan="2">10213010210000×××××</td><td colspan="7">金 额</td></tr>
<tr><td>收费种类</td><td colspan="2">摘 要</td><td>万</td><td>千</td><td>百</td><td>十</td><td>元</td><td>角</td><td>分</td></tr>
<tr><td>邮电费</td><td colspan="2"></td><td></td><td></td><td></td><td></td><td></td><td></td><td></td></tr>
<tr><td>工本费</td><td colspan="2">现金支票1本，转账支票1本</td><td></td><td></td><td>¥</td><td>1</td><td>0</td><td>0</td><td>0</td></tr>
<tr><td>手续费</td><td colspan="2">现金支票1本，转账支票1本</td><td></td><td></td><td>¥</td><td>4</td><td>0</td><td>0</td><td>0</td></tr>
<tr><td></td><td colspan="2"></td><td></td><td></td><td></td><td></td><td></td><td></td><td></td><td rowspan="3">银行签章</td></tr>
<tr><td></td><td colspan="2"></td><td></td><td></td><td></td><td></td><td></td><td></td><td></td></tr>
<tr><td>合 计
人民币（大写）</td><td>伍拾元整</td><td>合计</td><td></td><td></td><td>¥</td><td>5</td><td>0</td><td>0</td><td>0</td></tr>
</table>

客户回单

会计主管： 事中监督： 记账：

凭证 3-3

中国工商银行

现金支票存根

Ⅵ Ⅱ 01696868

科　　目

对方科目

出票日期 2014 年 04 月 19 日

收款人：合肥益益商贸公司
金　额：￥40 000.00
用　途：备用金

单位主管　　　　会计

凭证 3-4

合肥市工商行政管理专用票证

企业登记费收据　　　　No 0548723

2014年04月19日　财B129—10—01

合肥市财政监制　丰99.8

交款单位	合肥益益商贸公司				
注册资金总额		变更登记费			
开业登记费	500.00	副本费			
工本费		年检注册费			
人民币（大写）	⊗万 ⊗仟 伍佰 零拾 零元 零角 零分　　￥ 500.00				

二联　交款单位收据

收款单位（盖章有效）　　收款人 王　　制单

凭证 3-5

合肥市地方税务局

票证工本费收据

财 B 127-02-01

No. 01818180

购买日期：2014-4-23

企业名称：合肥益益商贸公司　　　　发票鉴定卡号：0285××××

合肥市财政局监制

项目名称	起止号码	数量	单价	金额（元）
服务业折票	204175852654342618—204175852654342643			20.00
合计人民币（小写）	¥20.00			
合计人民币（大写）贰拾元整				

第二联 购票单位收执

填票人：　　　　单位名称（盖章）

凭证 3-6

中国工商银行

现金支票存根

VI II 01696869

科　　目

对方科目

出票日期 2014 年 04 月 24 日

收款人：合肥益益商贸公司
金　额：¥10 000.00
用　途：预借差旅费

单位主管　　　会计

凭证 3-7

合肥益益商贸公司应付工资计算表

姓名	3 月	4 月	合计
王元	2 500.00	2 500.00	
赵红	2 000.00	2 000.00	
李明	2 000.00	2 000.00	
合计	6 500.00	6 500.00	13 000.00

凭证 3-8

中国工商银行 电汇凭证（回单） 1

□普通 □加急 委托日期：2014 年 04 月 28 日

汇款人	全 称	合肥益益商贸公司	收款人	全 称	广州胜利汽配厂
	账 号	10213010210000×××××		账 号	264-0801014856
	汇出地点	安徽省合肥市/县工行合肥学院路支行		汇入地点	广州省广州市/县农业银行城南支行

金额	亿	千	百	万	十	万	千	十	元	角	分
人民币：壹万伍仟元整 （大写）					¥	1	5	0	0	0	0

	支付密码	
汇出行签章	附加信息及用途： 复核 记账	

此联汇出行给汇款人的回单

凭证 3-9

中国工商银行 业务收费凭证（第五联）

五联 转账 ☑ 现金 ☐ 2014年04月28日

交费单位	合肥益益商贸公司									备 注
账 号	10213010210000×××××	金 额								
收费种类	摘 要	万	千	百	十	元	角	分		
邮电费					1	0	0	0		
工本费										
手续费							5	0		
合计 人民币（大写）	壹拾元伍角整 合计			¥	1	0	5	0		银行签章

客户回单

会计主管： 事中监督： 记账：

凭证 3-10

中国工商银行特种转账贷方传票

委托日期 2014年04月28日 第 ×× 号

收款人	全 称	合肥益益商贸公司	付款人	全 称	苏州启程汽车有限公司
	账号或地址	10213010210000×××××		账号或地址	22126069260
	开户银行			开户银行	

委收金额	人民币（大写）壹万玖仟陆佰捌拾元整	千	百	十	万	千	百	十	元	角	分
				¥	1	9	6	8	0	0	0

原凭证张数		赔偿金		科 目（）________
原凭证名称		号码		对方科目（）________
备注：	合同违约赔偿金 银行盖章			复核 记账 制票

单位主管 会计 复核 记账

凭证 3-11

合肥市商业零售统一发票

客户名称：合肥益益商贸公司　　2014 年 04 月 28 日　　NO.0582762

<table>
<tr><td rowspan="2">货号</td><td rowspan="2">品名及规格</td><td rowspan="2">单位</td><td rowspan="2">数量</td><td rowspan="2">单价</td><td colspan="8">金　额</td></tr>
<tr><td></td><td>万</td><td>千</td><td>百</td><td>十</td><td>元</td><td>角</td><td>分</td></tr>
<tr><td></td><td>汽车坐垫</td><td>套</td><td>100</td><td>450.00</td><td rowspan="5">超十万元无效</td><td>4</td><td>5</td><td>0</td><td>0</td><td>0</td><td>0</td><td>0</td></tr>
<tr><td></td><td></td><td></td><td></td><td></td><td></td><td></td><td></td><td></td><td></td><td></td><td></td></tr>
<tr><td></td><td></td><td></td><td></td><td></td><td></td><td></td><td></td><td></td><td></td><td></td><td></td></tr>
<tr><td></td><td></td><td></td><td></td><td></td><td></td><td></td><td></td><td></td><td></td><td></td><td></td></tr>
<tr><td rowspan="3">合计金额</td><td colspan="4" rowspan="3">（大写）肆万伍仟元整</td><td></td><td></td><td></td><td></td><td></td><td></td><td></td></tr>
<tr><td></td><td></td><td></td><td></td><td></td><td></td><td></td><td></td></tr>
<tr><td>合计</td><td>4</td><td>5</td><td>0</td><td>0</td><td>0</td><td>0</td><td>0</td></tr>
<tr><td>付款方式</td><td colspan="3"></td><td colspan="3">开户银行及账号</td><td colspan="6"></td></tr>
</table>

凭证 3-12

中国工商银行

转账支票存根

VI II 02974867

科　　目

对方科目

出票日期 2014 年 04 月 28 日

收款人：合肥益益商贸公司
金　额：￥45 000.00
用　途：支付货款

单位主管　　　　会计

凭证 3-13

中国工商银行电汇凭证

委托日期 2014 年 05 月 08 日　　　　第 ×× 号

<table>
<tr><td rowspan="3">汇款人</td><td>全称</td><td colspan="3">合肥益益商贸公司</td><td rowspan="3">收款人</td><td>全称</td><td colspan="10">永发公司</td></tr>
<tr><td>账号或地址</td><td colspan="3">10213010210000×××××</td><td>账号或地址</td><td colspan="10">47846057228</td></tr>
<tr><td>汇出地点</td><td></td><td>汇出行名称</td><td>工行合肥学院路支行</td><td>汇出地点</td><td></td><td>汇入行名称</td><td colspan="8"></td></tr>
<tr><td rowspan="2">金额</td><td colspan="6" rowspan="2">人民币（大写）玖仟元整</td><td>千</td><td>百</td><td>十</td><td>万</td><td>千</td><td>百</td><td>十</td><td>元</td><td>角</td><td>分</td></tr>
<tr><td></td><td></td><td></td><td>¥</td><td>9</td><td>0</td><td>0</td><td>0</td><td>0</td><td>0</td></tr>
<tr><td colspan="9">汇款用途：广告费</td><td colspan="8" rowspan="2">汇出行盖章
年　月　日</td></tr>
<tr><td colspan="9">上列款项已委托办理，如需查询，请持此回单来行面洽</td></tr>
</table>

单位主管　　　　会计　　　　出纳　　　　记账

凭证 3-14

中国工商银行　业务收费凭证（第五联）

五联　　转账 ☑　　现金 ☐　　2014年05月08日

<table>
<tr><td>交费单位</td><td colspan="8">合肥益益商贸公司</td><td rowspan="8">备　注

银行签章</td><td rowspan="8">客户回单</td></tr>
<tr><td>账　　号</td><td>10213010210000×××××</td><td colspan="7">金　额</td></tr>
<tr><td>收费种类</td><td>摘　　要</td><td>万</td><td>千</td><td>百</td><td>十</td><td>元</td><td>角</td><td>分</td></tr>
<tr><td>邮 电 费</td><td></td><td></td><td></td><td></td><td>¥</td><td>5</td><td>0</td><td>0</td></tr>
<tr><td>工 本 费</td><td></td><td></td><td></td><td></td><td></td><td></td><td></td><td></td></tr>
<tr><td>手 续 费</td><td></td><td></td><td></td><td></td><td></td><td>¥</td><td>5</td><td>0</td></tr>
<tr><td></td><td></td><td></td><td></td><td></td><td></td><td></td><td></td><td></td></tr>
<tr><td>合　计
人民币（大写）</td><td>伍元伍角整　　合计</td><td></td><td></td><td></td><td>¥</td><td>5</td><td>5</td><td>0</td></tr>
</table>

会计主管：　　　　事中监督：　　　　记账：

凭证 3-15

安徽省行政事业性收费票据

交费单位或个人姓名：合肥益益商贸公司　　2014 年 05 月 08 日　　第Ⅱ　　№166

收费项目	计量单位	数量	单价	金额								
				百	十	万	千	百	十	元	角	分
发票款							¥	1	0	0	0	0
合计金额（大写）	壹佰元整							¥100.00				

凭证 3-16

中国工商银行
转账支票存根

ⅥⅡ02974867

科　　目

对方科目

出票日期 2014 年 05 月 08 日

收款人：本单位员工
金　额：¥13 000.00
用　途：支付工资

单位主管　　　　会计

凭证 3-17

合肥益益商贸公司工资发放汇总表

姓名	3 月	4 月	合计	签名
王元	2 500.00	2 500.00		王元
赵红	2 000.00	2 000.00		赵红
李明	2 000.00	2 000.00		李明
合计	6 500.00	6 500.00	13 000.00	

凭证 3-18

合肥市商业企业统一发票

客户名称：合肥益益商贸公司　　2014 年 05 月 13 日　　NO.0582762

货号	品名及规格	单位	数量	单价	金额							
						万	千	百	十	元	角	分
	汽车坐垫	套	10	700.00	超十万元无效	¥	7	0	0	0	0	0
合计金额	(大写）柒仟元整											
					合计	¥	7	0	0	0	0	0
付款方式				开户银行及账号								

凭证 3-19

公路、内河货物运输业统一发票

开票日期：2015 年 05 月 13 日　　　　　　　　　　　　NO.0565494

发站		合肥	到站	苏州市		车种车号		货车自重	
集装箱型			运到期限			保价金额		运价里程	
收款人	全称	苏州启程汽车有限公司		发货人	地址	合肥益益商贸公司		现付费用	
	地址	苏州市文化路			全称			项目	金额
购货名称	件数	货物重量	计费重量	运价号	运价率		附记	运费	87.00
汽车坐垫	10								
发货人声明事项：									
铁路局声明事项：								合计	87.00

凭证 3-20

中国工商银行　　进账单（回单）　1

2014 年 05 月 16 日　　　　　　　　第　046 号

付款人	全　称	北京安生技术公司	收款人	全　称	合肥益益商贸公司
	账　号	2101-256273		账　号	10213010210000×××××
	开户银行			开户银行	工行合肥学院路支行

金额	人民币 （大写）壹仟元整	亿	千	百	十	万	千	百	十	元	角	分
						¥	1	0	0	0	0	0

票据种类		票据张数		
票据张数				
	复核　　记账			开户银行盖章

此联是开户银行交给收款人的回单或收账通知

凭证 3-21

合肥市服务业、娱乐业、文化体育专业专用发票

HEFEI SPECIAL INVOICE FOR SERVICE INDUSTRY,ENTERTAINMENT INDUSTRY AND PHYSICKL CULTURE INDUSTRY

发 票 联

INVOICE

发票代码 INVOICE CODE 211000872140

发票号码 INVOICE NO. 05088884

密码 PASSWOHD

信息码 INF.NUMBER 2074080207

46087214-06405269-88524765

「机打票号」与「信息码」和「发票号码」必须一致，否则无效
THE PRINTING NUMBER SHOULD COMPLY WITH THE INFORMATION NUMBER AND THE VOICE NUMBER OR THE INVOICE IS ILLEGAL

税务登记号：110102798744×××
TAX REGISTRY NO.

收款单位：合肥益益商贸公司
PAYEE

付款单位（个人）：北京安生技术公司
PAYER

经营项目 SERVICE ITEM	金额 AMOUNT CHARGEND
技术服务费	1000.00

金额合计（人民币大写）：壹仟元整
TOTAL IN CAPITAN

机打票号：20740800705088884
PRINTTNG NO.

税控装置号：0001244547
RECEIVER NO.

税控装置防伪码：5333247988551796
ANTI-FORGERY VODE

开票日期：2014-05-16
DATE ISSUED

二 发票联 SECOND INVOICE

收款单位（盖章有效）
PAYEE(SEAL)

税控装置打印发票手开无效
PRINTED BY RECEIVER, HAND-WRITING INVALID

凭证 3-22

网点号：07501

存款 利息传票（收账通知）

贷：20102　　2014年05月21日　　（对方科目）借：利息支出

账号	10213010210000×××××			
户名	北京赛瑞商贸有限公司			
起息日	止息日	利率	积数	利息
2014/04/15	2014/04/20	82500	15827953.10	435.27
利息金额	大写：人民币肆佰叁拾伍元贰角柒分			435.27
备注	对应计息账号：01090339100120120049×××			

会计　　记账　　复核

凭证 3-23

中国工商银行特种转账贷方传票

委托日期 2014 年 05 月 27 日　　　　第 ×× 号

<table>
<tr><td rowspan="3">收款人</td><td>全称</td><td colspan="2">合肥益益商贸公司</td><td rowspan="3">付款人</td><td>全称</td><td colspan="10">洛阳鸿运汽车公司</td></tr>
<tr><td>账号或地址</td><td colspan="2">10213010210000×××××</td><td>账号或地址</td><td colspan="10">3212678900</td></tr>
<tr><td>开户银行</td><td colspan="2">工行合肥学院路支行</td><td>开户银行</td><td colspan="10"></td></tr>
<tr><td rowspan="2">委收金额</td><td colspan="5" rowspan="2">人民币（大写）贰万捌仟捌佰元整</td><td>千</td><td>百</td><td>十</td><td>万</td><td>千</td><td>百</td><td>十</td><td>元</td><td>角</td><td>分</td></tr>
<tr><td></td><td></td><td>¥</td><td>2</td><td>8</td><td>8</td><td>0</td><td>0</td><td>0</td><td>0</td></tr>
<tr><td colspan="2">原凭证张数</td><td></td><td>赔偿金</td><td colspan="2"></td><td colspan="10" rowspan="3">科　目（）
对方科目（）
复核　记账　制票</td></tr>
<tr><td colspan="2">原凭证名称</td><td></td><td>号码</td><td colspan="2"></td></tr>
<tr><td>备注:</td><td colspan="5">银行盖章</td></tr>
</table>

单位主管　　会计　　复核　　记账

凭证 3-24

合肥益益商贸公司应付工资计算表

姓名	5 月	合计	备注
王元	3 500.00		
赵红	3 000.00		
李明	3 000.00		
合计	9 500.00	9 500.00	

凭证 3-25

中华人民共和国税收通用缴款书

征税机关：

隶属关系：

经济类型：私营有限责任公司　　　　填发日期：2014 年 06 月 02 日

<table>
<tr><td rowspan="4">缴款单位（人）</td><td>代码</td><td colspan="3"></td><td rowspan="3" colspan="2">预算科目</td><td colspan="3">编码</td><td colspan="6"></td></tr>
<tr><td>全称</td><td colspan="3">合肥益益商贸公司</td><td colspan="3">名称</td><td colspan="6">私营企业增值税</td></tr>
<tr><td>开户银行</td><td colspan="3">中国工商银行合肥学院路支行</td><td colspan="3">级次</td><td colspan="6"></td></tr>
<tr><td>账号</td><td colspan="3">10213010210000×××××</td><td colspan="5">收款国库</td><td colspan="6"></td></tr>
<tr><td colspan="6">税款所属时期 2014 年 5 月 1 日至 31 日</td><td colspan="11">税款限缴日期 2014 年 6 月 15 日</td></tr>
<tr><td rowspan="2">品目名称</td><td rowspan="2">课税数量</td><td rowspan="2">计税金额或销售收入</td><td rowspan="2">税率或单位税额</td><td rowspan="2">已缴或扣除额</td><td colspan="11">实税金额</td></tr>
<tr><td>亿</td><td>千</td><td>百</td><td>十</td><td>万</td><td>千</td><td>百</td><td>十</td><td>元</td><td>角</td><td>分</td></tr>
<tr><td>汽车零配件</td><td></td><td>6 796.12</td><td>3%</td><td></td><td></td><td></td><td></td><td></td><td></td><td></td><td>2</td><td>0</td><td>3</td><td>8</td><td>8</td></tr>
<tr><td colspan="5">金额合计（大写）贰佰零叁元捌角捌分</td><td></td><td></td><td></td><td></td><td></td><td>¥</td><td>2</td><td>0</td><td>3</td><td>8</td><td>8</td></tr>
<tr><td colspan="2">缴款单位（人）
（盖章）
经办人（章）</td><td colspan="2">税务机关
（盖章）
填票人（章）</td><td colspan="8">上列款项已收妥并划转收款项单位账户

国库（银行）盖章　　年　月　日</td><td colspan="4">备注：</td></tr>
</table>

逾期不缴按税法规定加收滞纳金

凭证 3-26

中国工商银行电子缴税付款凭证

转账日期：2014 年 06 月 02 日　　　　凭证字号：002184

纳税人全称及纳税人识别号：合肥益益商贸公司 110102798744×××

付款人全称：合肥益益商贸公司

付款人帐号：10213010210000×××××　　　　征收机关名称：合肥市蜀山区国家税务局

付款人开户银行：中国工商银行合肥学院路支行　　　　收款国库（银行）名称：合肥市蜀山区

小写（合计）金额：RMB24.47　　　　缴款书交易流水号：××××××××××××××××

大写（合计）金额：人民币贰拾肆元肆角柒分　　　　税票号码：×××××××××××××××

税（费）种名称	所属时期	实缴金额
城市维护建设税	20140501-20140531	14.27
教育费附加	20140501-20140531	6.12
地方教育费附加	20140501-20140531	4.08

第 1 次打印　　　　打印时间：2014 年 6 月 2 日 11 时 58 分

凭证 3-27

中国工商银行

转账支票存根

Ⅵ Ⅱ 02974867

科　目

对方科目

出票日期 2014 年 06 月 05 日

收款人：本单位员工
金　额：¥9 500.00
用　途：支付工资

单位主管　　　　会计

凭证 3-28

合肥益益商贸公司工资发放汇总表

姓名	5 月	合计	签名
王元	3 500.00		王元
赵红	3 000.00		赵红
李明	3 000.00		李明
合计	9 500.00	9 500.00	

凭证 3-29

河南省增值税专用发票

No.0000000101

发票联

开票日期：2014 年 06 月 05 日

购货单位	名　　称：合肥益益商贸公司 纳税人识别号：110102798744××× 地 址、电 话：安徽省合肥市三里街汽配城 55 号 开户行及账号：中国工商银行合肥学院路支行	密码区	6+-〈2〉6〉927+296+/　加密版本：01 446〈600375〈35〉〈4/　37009931410 2-2〈2051+24+2618〈7　0445 /3-15〉〉09/5/-1〉〉〉+2

货物或应税劳务名称	规格型号	单位	数量	单价	金额	税率	税额
汽车香水		瓶	200	42.735 5	8 547.01	17%	1 452.99
合　计					¥8 547.01		¥1 452.99
价税合计（大写）	⊗ 壹万元整				（小写）¥10 000.00		

销货单位	名　　称：广州胜利汽配厂 纳税人识别号：4401052786548×× 地 址、电 话：广州市凤凰大道 67 号 开户行及账号：工行凤凰路支行 2640801014856	备注	

第三联：发票联　购货方记账凭证

收款人：杜红　　复核：陈新　　开票人：杜红　　销货单位：（章）

注：增值税专用发票一式三联，第一联抵扣联，第二联发票联，第三联记账联。

凭证 3-30

安徽省增值税专用发票

No.0000000101

发票联

开票日期：2014 年 06 月 08 日

购货单位	名　　称：苏州启程汽车有限公司 纳税人识别号： 地 址、电 话：苏州市文化路 87 号 开户行及账号：工行苏州市文化路支行	密码区	4590+-〈3〉5〉927+296+/　加密版本：01 448〈6375〈65〉〈4/　37009932310 2-2〈2051+21+2618〈7　0434 /3-14〉〉09/5/-1〉〉〉+7

货物或应税劳务名称	规格型号	单位	数量	单价	金额	税率	税额
汽车香水		瓶	200	54.188 0	10 837.60	17%	1 842.40
合　计					¥10 837.60		¥1 842.40
价税合计（大写）	⊗ 壹万贰仟陆佰捌拾元整				（小写）¥12 680.00		

销货单位	名　　称：合肥益益商贸公司 纳税人识别号：110102798744××× 地 址、电 话：安徽省合肥市三里街汽配城 55 号 开户行及账号：中国工商银行合肥学院路支行	备注	

第三联：发票联　购货方记账凭证

收款人：杜红　　复核：陈新　　开票人：杜红　　销货单位：（章）

注：增值税专用发票一式三联，第一联抵扣联，第二联发票联，第三联记账联。

凭证 3-31

公路、内河货物运输业统一发票

开票日期：2014 年 06 月 08 日　　　　　　NO.0565494

<table>
<tr><td colspan="2">发站</td><td colspan="2">合肥</td><td>到站</td><td colspan="2">苏州市</td><td colspan="2">车种车号</td><td colspan="2"></td><td colspan="2">货车自重</td><td></td></tr>
<tr><td colspan="2">集装箱型</td><td colspan="2"></td><td>运到期限</td><td colspan="2"></td><td colspan="2">保价金额</td><td colspan="2"></td><td colspan="2">运价里程</td><td></td></tr>
<tr><td rowspan="2">收款人</td><td>全称</td><td colspan="3">苏州启程汽车有限公司</td><td rowspan="2">发货人</td><td>地址</td><td colspan="4">合肥益益商贸公司</td><td colspan="3">现付费用</td></tr>
<tr><td>地址</td><td colspan="3">苏州市文化路</td><td>全称</td><td colspan="4"></td><td>项目</td><td colspan="2">金额</td></tr>
<tr><td colspan="2">购货名称</td><td>件数</td><td colspan="2">货物重量</td><td>计费重量</td><td>运价号</td><td>运价率</td><td colspan="2"></td><td>附记</td><td>运费</td><td colspan="2">48.00</td></tr>
<tr><td colspan="2">汽车香水</td><td>200</td><td colspan="2"></td><td></td><td></td><td></td><td colspan="2"></td><td></td><td></td><td colspan="2"></td></tr>
<tr><td colspan="2"></td><td></td><td colspan="2"></td><td></td><td></td><td></td><td colspan="2"></td><td></td><td></td><td colspan="2"></td></tr>
<tr><td colspan="10">发货人声明事项:</td><td></td><td></td><td colspan="2"></td></tr>
<tr><td colspan="10">铁路局声明事项:</td><td></td><td>合计</td><td colspan="2">48.00</td></tr>
</table>

九、附表

附表 3-1

增值税纳税申报表（适用于小规模纳税人）

纳税人识别号：

纳税人名称（公章）： 金额单位：元（列至角分）

税款所属时间： 自 年 月 日至 年 月 日 填表日期 年 月 日

<table>
<tr><td></td><td>项目</td><td>栏次</td><td>本月数</td><td>本年累计</td></tr>
<tr><td rowspan="9">一、计税依据</td><td>（一）应征增值税货物及劳务不含税销售额</td><td>1</td><td></td><td></td></tr>
<tr><td>其中：税务机关代开的增值税专用发票不含税销售额</td><td>2</td><td></td><td></td></tr>
<tr><td>税控器具开具的普通发票不含税销售额</td><td>3</td><td></td><td></td></tr>
<tr><td>（二）销售使用过的应税固定资产不含税销售额</td><td>4</td><td></td><td></td></tr>
<tr><td>其中：税控器具开具的普通发票不含税销售额</td><td>5</td><td></td><td></td></tr>
<tr><td>（三）免税货物及劳务销售额</td><td>6</td><td></td><td></td></tr>
<tr><td>其中：税控器具开具的普通发票销售额</td><td>7</td><td></td><td></td></tr>
<tr><td>（四）出口免税货物销售额</td><td>8</td><td></td><td></td></tr>
<tr><td>其中：税控器具开具的普通发票销售额</td><td>9</td><td></td><td></td></tr>
<tr><td rowspan="5">二、税款计算</td><td>本期应纳税额</td><td>10</td><td></td><td></td></tr>
<tr><td>本期应纳税额减征额</td><td>11</td><td></td><td></td></tr>
<tr><td>应纳税合计</td><td>12=10-11</td><td></td><td></td></tr>
<tr><td>本期预缴税额</td><td>13</td><td></td><td></td></tr>
<tr><td>本期应补（退）税额</td><td>14=12-13</td><td></td><td></td></tr>
</table>

<table>
<tr><td rowspan="7">纳税人或代理人声明：此纳税申报是根据国家税收法律的规定填报的，我确定它是真实的、可靠的、完整的。</td><td colspan="4">如纳税人填报，由纳税人填写以各栏</td></tr>
<tr><td>办税人员（签章）</td><td></td><td>财务负责人（签章）：</td><td></td></tr>
<tr><td>法定代表人（签章）</td><td></td><td>联系电话：</td><td></td></tr>
<tr><td colspan="4">如委托代理人填报，由代理人填写以下各栏</td></tr>
<tr><td>代理人名称：</td><td></td><td>经办人（签章）：</td><td></td></tr>
<tr><td>代理人（公章）：</td><td></td><td>联系电话：</td><td></td></tr>
<tr><td></td><td></td><td></td><td></td></tr>
</table>

受理人： 受理日期： 年 月 日 受理税务机关（签章）：

本表为 A3 竖式一式三份，一份纳税人留存、一份主管税务机关留存、一份征收部门留存

附表 3-2

无应纳税（费）款申报书

申报所属日期：　　年　月　日至　年　月　日

纳税人税务计算机代码：

纳税人全称：

根据《中华人民共和国税收征收管理法实施细则》第三十二条的规定要求，我单位（或个人）申报本期应纳的所有地方税、费、附加等款项均为零。

我确认以上申报内容真实可靠，并愿意承担由此产生的相关法律责任。

特此申报。

合肥益益商贸公司（印章）

年　月　日

附表 3-3

合肥市地方各税（基金、费）综合申报表

微机编码：　　　　填报日期 20　年　月　日　　　　计算单位：元（列至角分）

纳税人全称（盖章）：					地址			注册类型	有限责任公司	电话：
纳税登记证号：				办税证号				预储账号	纳税类别	
税（费）种	所属期	税目	计税项目	计征金额（数量）	税（费）率（单位税额）	应纳税（费）额	批准抵扣税（费）额	批准减免税（费）额	批准延期缴纳税（费）额	实际征收税（费）额
营业税										
城市维护建设税										
教育附加税										
水利基金										
印花税										
土地增值税										
车船税										
屠宰税										
文化事业费										
广告教育附加费										

续表

税（费）种	所属期	税目	计税项目	计征金额（数量）	税（费）率（单位税额）	应纳税（费）额	批准抵扣税（费）额	批准减免税（费）额	批准延期缴纳税（费）额	实际征收税（费）额
投宿人员教育附加费										
在职职工教育附加费										
商网基金										
地方教育费附加										
房产税	所属期	使用形式	建筑面积	房产原值	计税价值	税率	税额	批准抵扣税额	批准延期缴纳税额	实际征收税额
土地使用税	所属期	土地类别	实际占用面积	应计税面积	单位税额	税额	本期应纳税额	批准抵扣税额	批准延期缴纳税额	实际征收税额
固定资产投资方向调节税	所属期	建设项目名称	工程名称	实际完成投资额	销售商品房面积	税率	税额	批准抵扣税额	批准延期缴纳税额	实际征收税额

纳税人声明	本单位（公司、个人）所申报的各种税款真实、准确，如有虚假内容，愿承担法律责任。法人代表 签名： 年　月　日	授权人声明	我（公司）现授权____为本纳税人的纳税申报代理人，其法人代表：____电话：________。任何与申报有关的往来文件，都可寄此代理机构。委托代理合同号码： 授权人签名： 年　月　日	代理人声明	本纳税申报表是按照国家税法和税务机关有关规定填报，我确信是真实、合法的，如有不实，我愿承担法律责任。 代理人（法人代表）签名： 经办人签名： （代理人盖章） 年　月　日	受理申报日期： 年　月　日 受理人签名：
税务机关声明						

企业（业主）财务负责人签名：
或税务代理负责人：

企业（业主）会计签名：
或税务代理主管

填表人签名：

附表 3-4

电子缴库专用缴款书

申报序号:　　　　　　年　　月　　日

纳税人计算机代码		征收机关代码	
纳税人名称		征收机关名称	
付款人名称		收款国库名称	
付款人开户银行名称		国库清算行号	
付款人账号			

纳税项目代码	课 税 数 量	计 税 金 额	实 缴 税 额
金额合计（大写）：		金额合计（小写）：	¥
付款人盖章 经办人（章）	税务机关（章）	银行 记账员盖章	备注

附表 3-5

中华人民共和国
企业所得税月（季）度预缴纳税申报表（A 类）

税款所属期间：　　年　　月　　日至　　年　　月　　日

纳税人识别号：□□□□□□□□□□□□□□□□□

纳税人名称：　　　　　　　　　　　　　　　　　　　　金额单位：人民币元（列至角分）

行次	项　目		本期金额	累计金额
1	一、据实预缴			
2	营业收入			
3	营业成本			
4	利润总额			
5	税率（25%）			
6	应纳所得税额（4 行×5 行）			
7	减免所得税额			
8	实际已缴所得税额			
9	应补（退）的所得税额（6 行-7 行-8 行）			
10	二、按照上一纳税年度应纳税所得额的平均额预缴			
11	上一纳税年度应纳税所得额			
12	本月（季）应纳税所得额（11 行÷12 或 11 行÷4）			
13	税率（25%）			
14	本月（季）应纳所得税额（12 行×13 行）			
15	三、按照税务机关确定的其他方法预缴			
16	本月（季）确定预缴的所得税额			
17	总分机构纳税人			
18	总机构	总机构应分摊的所得税额（9 行或 14 行或 16 行×25%）		
19	总机构	中央财政集中分配的所得税额（9 行或 14 行或 16 行×25%）		
20	总机构	分支机构分摊的所得税额（9 行或 14 行或 16 行×50%）		
21	分支机构	分配比例		
22	分支机构	分配的所得税额（20 行×21 行）		

谨声明：此纳税申报表是根据《中华人民共和国企业所得税法》、《中华人民共和国企业所得税法实施条例》和国家有关税收规定填报的，是真实的、可靠的、完整的。

法定代表人（签字）：　　年　　月　　日

纳税人公章： 会计主管： 填表日期：　年　月　日	代理申报中介机构公章： 经办人： 经办人执业证件号码： 代理申报日期：　年　月　日	主管税务机关受理专用章： 受理人： 受理日期：　年　月　日

国家税务总局监制

附表 3-6

增值税纳税申报表

（适用于增值税一般纳税人）

根据（中华人民共和国增值税暂行条例）第二十二条和第二十三条的规定制定本表。纳税人不论有无销售额，均应按主管税务机关核定的纳税期限按期填报本表，并于次月一日起十五日内，向当地税务机关申报。

税款所属时间：自　　年　　月　　日至　　年　　月　　日

填表日期：　　年　　月　　日　　　　　　　　　　　　　　　　　　　　金额单位：元至角分

纳税人识别号			所属行业			
纳税人名称	（公章）	法定代表人姓名		注册地址		营业地址	
开户银行及账号		企业登记注册类型			电话号码	

项　目		栏　次	一般货物及劳务		即征即退货物及劳务	
			本月数	本年累计	本月数	本年累计
销售额	（一）按适用税率征税货物及劳务销售额	1				
	其中：应税货物销售额	2				
	应税劳务销售额	3				
	纳税检查调整的销售额	4				
	（二）按简易征收办法征税货物销售额	5				
	其中：纳税检查调整的销售额	6				
	（三）免、抵、退办法出口货物销售额	7				
	（四）免税货物及劳务销售额	8				
	其中：免税货物销售额	9				
	免税劳务销售额	10				
计款	销项税额	11				
	进项税额	12				
	上期留抵税额	13				
	进项税额转出	14				
	免抵退货物应退税额	15				
	按适用税率计算的纳税检查应补缴税额	16				
	应抵扣税额合计	17=12+13-14-15+16				
	实际抵扣税额	18（如 17<11，则为 17，否则为 11）				
	应纳税额	19=11-18				
	期末留抵税额	20=17-18				

续表

<table>
<tr><th colspan="2" rowspan="2">项 目</th><th rowspan="2">栏 次</th><th colspan="2">一般货物及劳务</th><th colspan="2">即征即退货物及劳务</th></tr>
<tr><th>本月数</th><th>本年累计</th><th>本月数</th><th>本年累计</th></tr>
<tr><td rowspan="5">计款</td><td>简易征收办法计算的应纳税额</td><td>21</td><td></td><td></td><td></td><td></td></tr>
<tr><td>按简易征收办法计算的纳税检查应补缴税额</td><td>22</td><td></td><td></td><td></td><td></td></tr>
<tr><td>应纳税额减征额</td><td>23</td><td></td><td></td><td></td><td></td></tr>
<tr><td>应纳税额合计</td><td>24=19+21-23</td><td></td><td></td><td></td><td></td></tr>
<tr><td>期初未缴税额（多缴为负数）</td><td>25</td><td></td><td></td><td></td><td></td></tr>
<tr><td rowspan="13">税款缴纳</td><td>实收出口开具专用缴款书退税额</td><td>26</td><td></td><td></td><td></td><td></td></tr>
<tr><td>本期已缴税额</td><td>27=28+29+30+31</td><td></td><td></td><td></td><td></td></tr>
<tr><td>①分次预缴税额</td><td>28</td><td></td><td></td><td></td><td></td></tr>
<tr><td>②出口开具专用缴款书预缴税额</td><td>29</td><td></td><td></td><td></td><td></td></tr>
<tr><td>③本期缴纳上期应纳税额</td><td>30</td><td></td><td></td><td></td><td></td></tr>
<tr><td>④本期缴纳欠缴税额</td><td>31</td><td></td><td></td><td></td><td></td></tr>
<tr><td>期末未缴税额（多缴为负数）</td><td>32=24+25+26-27</td><td></td><td></td><td></td><td></td></tr>
<tr><td>其中：欠缴税额（≥0）</td><td>33=25+26-27</td><td></td><td></td><td></td><td></td></tr>
<tr><td>本期应补（退）税额</td><td>34=24-28-29</td><td></td><td></td><td></td><td></td></tr>
<tr><td>即征即退实际退税额</td><td>35</td><td></td><td></td><td></td><td></td></tr>
<tr><td>期初未缴查补税额</td><td>36</td><td></td><td></td><td></td><td></td></tr>
<tr><td>本期入库查补税额</td><td>37</td><td></td><td></td><td></td><td></td></tr>
<tr><td>期末未缴查补税额</td><td>38=16+22+36-37</td><td></td><td></td><td></td><td></td></tr>
<tr><td>授权声明</td><td colspan="2">如果你已委托代理人申报，请填写下列资料：
为代理一切税务事宜，现授权
（地址）
为本纳税人的代理申报人，任何与本申报表有关的往来文件，都可寄予此人。
授权人签字：</td><td>申报人声明</td><td colspan="3">此纳税申报表是根据《中华人民共和国增值税暂行条件》的规定填报的，我相信它是真实的、可靠的、完整的。
声明人签字：</td></tr>
</table>

以下由税务机关填写：

收到日期： 接收人： 主管税务机关盖章：

附表 3-7

增值税纳税申报表附列资料（表一）

（本期销售情况明细）

税款所属时间：　　年　月

纳税人名称：（公章）　　　　填表日期：　　年　月　日　　　　金额单位：元至角分

一、按适用税率征收增值税货物及劳务的销售额和销项税额明细

项目	栏次	应税货物						应税劳务			小计		
		17%税率			13%税率								
		份数	销售额	销项税额	份数	销售额	销项税额	份数	销售额	销项税额	份数	销售额	销项税额
防伪税控系统开具的增值税专用发票	1												
非防伪税控系统开具的增值税专用发票	2												
开具普通发票	3												
未开具发票	4												
小计	5=1+2+3+4												
纳税检查调整	6												
合计	7=5+6												

二、简易征收办法征收增值税货物的销售额和应纳税额明细

项目	栏次	6%征收率			4%征收率			小计		
		份数	销售额	应纳税额	份数	销售额	应纳税额	份数	销售额	应纳税额
防伪税控系统开具的增值税专用发票	8									
非防伪税控系统开具的增值税专用发票	9									
开具普通发票	10									
未开具发票	11									
小计	12=8+9+10+11									
纳税检查调整	13									
合计	14=12+13									

三、免征增值税货物及劳务销售额明细

项目	栏次	免税货物			免税劳务			小计		
		份数	销售额	税额	份数	销售额	税额	份数	销售额	税额
防伪税控系统开具的增值税专用发票	15									
开具普通发票	16									
未开具发票	17									
合计	18=15+16+17									

附表 3-8

增值税纳税申报表附列资料（表二）

（本期进项税额明细）

税款所属时间：　　年　月

纳税人名称：（公章）　　填表日期：　年　月　日　　金额单位：元至角分

一、申报抵扣的进项税额				
项　　目	栏次	份数	金额	税额
（一）认证相符的防伪税控增值税专用发票	1			
其中：本期认证相符且本期申报抵扣	2			
前期认证相符且本期申报抵扣	3			
（二）非防伪税控增值税专用发票及其他扣税凭证	4			
其中：海关进口增值税专用缴款书	5			
农产品收购发票或者销售发票	6			
废旧物资发票	7			
运输费用结算单据	8			
6%征收率	9			
4%征收率	10			
（三）外贸企业进项税额抵扣证明	11			
当期申报抵扣进项税额合计	12			

二、进项税额转出额		
项　　目	栏次	税额
本期进项税转出额	13	
其中：免税货物用	14	
非应税项目用、集体福利、个人消费	15	
非正常损失	16	
按简易征收办法征税货物用	17	
免抵退税办法出口货物不得抵扣进项税额	18	
纳税检查调减进项税额	19	
未经认证已抵扣的进项税额	20	
红字专用发票通知单注明的进项税额	21	

三、待抵扣进项税额				
项　　目	栏次	份数	金额	税额
（一）认证相符的防伪税控增值税专用发票	22			
期初已认证相符但未申报抵扣	23			
本期认证相符且本期未申报抵扣	24			
期末已认证相符但未申报抵扣	25			

续表

项　目	栏次	份数	金额	税额
其中：按照税法规定不允许抵扣	26			
（二）非防伪税控增值税专用发票及其他扣税凭证	27			
其中：海关进口增值税专用缴款书	28			
农产品收购发票或者销售发票	29			
废旧物资发票	30			
运输费用结算单据	31			
6%征收率	32			
4%征收率	33			
	34			
四、其他				
项　目	栏次	份数	金额	税额
本期认证相符的全部防伪税控增值税专用发票	35			
期初已征税款挂账额	36			
期初已征税款余额	37			
代扣代缴税额	38			

注：第 1 栏＝第 2 栏+第 3 栏＝第 23 栏+第 35 栏-第 25 栏；第 2 栏＝第 35 栏-第 24 栏；第 3 栏＝第 23 栏+第 24 栏-第 25 栏；第 4 栏等于第 5 栏至第 10 栏之和；

第 12 栏＝第 1 栏+第 4 栏+第 11 栏；第 13 栏等于第 14 栏至第 21 栏之和；第 27 栏等于第 28 栏至第 34 栏之和。

附表 3-9

固定资产进项税额抵扣情况表

纳税人识别号:　　　　　　　　　　纳税人名称（公章）:

填表日期:　　　年　　月　　日　　　　　　　　　　金额单位：元至角分

项　目	当期申报抵扣的固定资产进项税额	当期申报抵扣的固定资产进项税额累计
增值税专用发票		
海关进口增值税专用缴款书		
合　计		

注：本表一式二份，一份纳税人留存，一份主管税务机关留存。

附表 3-10-1

编号______

增值税一般纳税人认定申请书

单 位 名 称____________

企业代码章____________

填写说明

1．申请人能履行《中华人民共和国税收征收管理法》、《中华人民共和国增值税暂行条例》及实施细则、《中华人民共和国发票管理办法》及实施细则、《增值税一般纳税人申请的认定办法》、《增值税专用发票使用规定》以及本市增值税征收管理有关规定的各项义务。

2．申请人（法人代表）保证其提交文件、证件、是真实的、可靠的、完整的。

3．申请人规定的文件、证件应当是原件，确有特殊情况不能提交原件的，应当提交加盖公章的文件、证件复印件。

4．填表应字迹工整，不得涂改，并使用蓝黑或黑色墨水。

附表 3-10-2

一般纳税人认定申请应提交的文件、证件

序号	目　　录
1	增值税一般纳税人申请认定表
2	增值税一般纳税人申请认定书
3	营业执照副本影印件
4	税务登记副本影印件（国税）
5	企业法定代表人或企业负责人及财务会计负责人基本情况表
6	经营场地（公司住所）证明影印件

附表 3-10-3

增值税一般纳税人申请认定表

<table>
<tr><td colspan="8">申请单位（公章）</td></tr>
<tr><td colspan="2">注册地址</td><td colspan="4"></td><td>邮政编码</td><td></td></tr>
<tr><td colspan="2">经营地址</td><td colspan="4"></td><td>邮政编码</td><td></td></tr>
<tr><td colspan="2">经济性质</td><td colspan="2"></td><td>职工人数</td><td></td><td>注册资金</td><td></td></tr>
<tr><td colspan="3">法人代表或企业负责人姓名</td><td colspan="2"></td><td>电话</td><td colspan="2"></td></tr>
<tr><td colspan="3">承租人或承包人姓名</td><td colspan="2"></td><td>电话</td><td colspan="2"></td></tr>
<tr><td colspan="3">财务负责人姓名</td><td colspan="2"></td><td>电话</td><td colspan="2"></td></tr>
<tr><td colspan="2" rowspan="2">开户银行</td><td colspan="4"></td><td>结算账号</td><td></td></tr>
<tr><td colspan="4"></td><td>基本账号</td><td></td></tr>
<tr><td rowspan="7">年
月
至
年
月</td><td rowspan="7">经
营
情
况
（万元）</td><td colspan="4">项目</td><td colspan="2">上年实际数或本年预计数</td></tr>
<tr><td colspan="4">应税销售额合计</td><td colspan="2"></td></tr>
<tr><td colspan="4">（1）生产货物销售额</td><td colspan="2"></td></tr>
<tr><td colspan="4">（2）加工、修理修配销售额</td><td colspan="2"></td></tr>
<tr><td colspan="4">（3）批发零售销售额</td><td colspan="2"></td></tr>
<tr><td colspan="4">固定资产原值</td><td colspan="2"></td></tr>
<tr><td colspan="4">固定资产净值</td><td colspan="2"></td></tr>
<tr><td colspan="2">设置账户名称</td><td colspan="6"></td></tr>
<tr><td colspan="2">领取营业执照时间</td><td colspan="6">年　　月　　日</td></tr>
<tr><td colspan="2">领取税务登记时间</td><td colspan="6">年　　月　　日</td></tr>
</table>

附表 3-10-4

增值税一般纳税人申请认定书

申请单位：（公章） 年　月　日

附表 3-10-5

营业执照副本影印件

营业执照副本影印件粘贴处

附表 3-10-6

税务登记副本影印件（国税）

请将《税务登记（副本）》的影印件在粘贴处沿边粘贴

附表 3-10-7

企业法定代表人或企业负责人及财务会计负责人基本情况表

<table>
<tr><td rowspan="6">企业法人或企业负责人情况</td><td>姓名</td><td rowspan="6">企业法定代表人或企业负责人身份证影印件粘贴处</td></tr>
<tr><td></td></tr>
<tr><td>性别</td></tr>
<tr><td></td></tr>
<tr><td>技术职称</td></tr>
<tr><td></td></tr>
<tr><td rowspan="8">财务会计负责人基本情况</td><td>姓名</td><td rowspan="4">财务会计负责人会计证书影印件粘贴处</td></tr>
<tr><td></td></tr>
<tr><td>性别</td></tr>
<tr><td></td></tr>
<tr><td>技术职称</td><td rowspan="4">财务会计负责人身份证影印件粘贴处</td></tr>
<tr><td></td></tr>
<tr><td>学历</td></tr>
<tr><td></td></tr>
<tr><td colspan="3">声明：此增值税一般纳税人认定申请书是根据《增值税一般纳税人认定管理办法》的有关规定填报的，我确定填报的，我确信它是真实的、可靠的、完整的。

法定代表人或企业负责人签字：

年　月　日</td></tr>
</table>

附表 3-10-8

经营场地（公司住所）证明影印件

名称	
住所	市　　　　　　　区（县）
产权 单位 证明	本房产产权归__________所有，同意将__________ m^2 以__________方式提供给企业使用，期限为________年。 产权单位法人代表（或负责人）签字　　　　　　　　产权单位公章 年　月　日
其他需要 证明的 情况	证明单位（公章） 年　月　日
说明	1．应另附产权影印件并加盖产权单位公章； 2．无产权证的由产权单位的上级在其他需证明的情况栏内说明情况； 3．房产使用期限不得少于一年； 4．产权提供方式指无偿、租赁等； 5．如果租用私房，应在产权单位证明栏内由产权所有人签字。

附表 3-10-9

产权单位房证复印件或租赁协议复印件

粘贴处

附表 3-10-10

主管税务机关认定审批意见表

基层税务（征收）所	税务所（征收所）核查人签注意见	核查人签字：　　年　　月　　日
	税务所（征收所）负责人签注意见	税务所公章 所长签字：　　年　　月　　日
	建议临时认定时间	自　　年　　月　　日至　　年　　月　　日
上一级税务机关	主管科核查人意见	核查人签字：　　年　　月　　日
	主管科审批意见	主管科公章 科长签字：　　年　　月　　日
增值税一般纳税人（认定专用章）或 增值税临时一般纳税人（认定专用章） 年　　月　　日		

注：本表由税务部门填写。

附表 3-11

新办企业核查单

<table>
<tr><td colspan="2">申请单位名称全称</td><td colspan="6"></td></tr>
<tr><td>法定
代表人</td><td colspan="2"></td><td>居民身份证
号　　码</td><td colspan="2"></td><td>联系
电话</td><td></td></tr>
<tr><td>财务人员</td><td colspan="2"></td><td>居民身份证
号　　码</td><td colspan="2"></td><td>联系
电话</td><td></td></tr>
<tr><td>工商执
照号码</td><td colspan="3"></td><td>工商执照
注册时间</td><td></td><td>注册
资金</td><td></td></tr>
<tr><td colspan="2">工商注册地址</td><td colspan="6"></td></tr>
<tr><td colspan="2">经营详细地址</td><td colspan="6"></td></tr>
<tr><td rowspan="5">核
查
情
况</td><td colspan="7">我所于　　年　　月　　日对新办企业申请填报的上述内容进行了核查，其实际经营详细地址：</td></tr>
<tr><td>注册资金</td><td colspan="2"></td><td colspan="2">个人房屋租赁许可证号</td><td colspan="2"></td></tr>
<tr><td colspan="7">产权单位盖章　　　　　　　　　　　　　　　　　　　年　月　日</td></tr>
<tr><td colspan="7">核查人签字:

核查人签字:　　　税务所章:　　　　　　　　　　　　年　月　日</td></tr>
<tr><td colspan="7">被核查单位
法人代表签字:　　　　　(公章)
　　　　　　　　　　　　　　　　　　　　　年　月　日</td></tr>
<tr><td colspan="2">税务登记号</td><td colspan="2"></td><td colspan="2">税务登记时间</td><td colspan="2"></td></tr>
<tr><td colspan="2">税务登记地址</td><td colspan="6"></td></tr>
</table>

注：1．本表一式四份，登记人、税务所、征管科、税政科各一份。

2．本表无核查人签字和税务所盖章无效。

3．本表为办理增值税一般纳税人认定的必备资料。

附表 3-12

一般纳税人认定核查报告单

企业名称				企业代码	
法定代表人		身份证号码		联系电话	
财务人员		身份证号码		联系电话	
开票人员		身份证号码		联系电话	
聘请代理记账或税务申报机构名称				代理期限	
工商注册地址				面　积	
经营详细地址				面　积	
库房地址				面　积	
工商执照号码				注册时间	
税务登记号码				登记时间	
注册资金（万元）		公司形式		职工人数	
实缴注册资金		经营方式		开业日期	
主营项目或产品		行业类型		适用税率	
小规模达标日期		达标收入		已纳税额	
申请认定资格日期		初审日期		约谈日期	
实地核查日期		认定类型		电子申报方式	
法定负责人或（负责人）签字： 年　月　日					
管理所核查人员签字： 年　月　日					
所长或（负责人）签字： 年　月　日					

注：此表由核查人员填写，一式二份，随“增值税一般纳税人申请认定书”一并归档。

附表 3-13

一般纳税人资格认定附送材料

一、“开户许可证”（注：1．加盖本公司公章。2．开户银行若设立在外区，须附说明）。

二、银行“客户对账单”或“资信证明书”（注：加盖本公司公章）。

三、“交存入资资金报告单”（注：加盖本公司公章，签注：“复印件与原件内容一致”）。

四、“验资报告”（注：加盖本公司公章，签注：“复印件与原件内容一致”）。

五、注册、经营地“房屋所有权证”（注：房屋若为“民改商”房屋，还未取得“房屋所有权证”，须提供 1．“合肥市商品房预售合同”并加盖本公司公章，签注：“复印件与原件内容一致”；2．购房款的发票；3．房屋产权人的身份证复印件）。

六、注册、经营地“房屋租赁合同”（注：租赁合同内容需写明：1．注册、经营地详细地址；2．房间号、建筑面积；3．租赁期限；4．租金付款方式、付款日期；5．加盖本公司公章，签注：“复印件与原件内容一致”）。

七、注册、经营地房屋若是产权单位委托物业公司管理，须提供产权单位与物业公司签署的“委托书”（注：加盖本公司公章，签注：“复印件与原件内容一致”）。

八、注册、经营地交付房租的发票复印件。

九、若有库房，须提供上款五至八条所述资料。

十、提供已办理申报 IC 卡的证明材料。

十一、税务登记证副本。

十二、法人、股东、财务负责人户籍不是合肥的，须提供身份证复印件、暂住证复印件；股东若有公司入股，还需提供公司的营业执照复印件，并加盖本公司公章，签注复印件与原件内容一致。

十三、购销合同或购销意向书（注：合同样式应按规定的样式、格式签订，需有法定代表人、委托代理人、电话、开户银行、账号、税号等项目，并加盖本公司公章，签注：“复印件与原件内容一致”。购销合同不需上报局机关审核，由管理员负责审核并用于出具评估报告使用）。

十四、如有其他事项需注明的需付说明书。

以上资料均一式两份。

附表 3-14

辅导期一般纳税人跟踪情况反馈单

企业名称		纳税人识别号	
经营地址		联系电话	

跟踪结果 跟踪项目	税务登记变更前内容	税务登记变更后内容
注册地址		
经营地址		
法定代表人		
联系电话		

辅导期间的纳税情况（单位：元）

项目名称	第一次跟踪（所属月份：自　月至　月）		第二次跟踪（所属月份：自　月至　月）		第三次跟踪（所属月份：自　月至　月）	
	申报	审核	申报	审核	申报	审核
应税销售额						
销项税额						
进项税额						
增值税发票抵扣额						
农产品发票抵扣额						
废旧物资抵扣额						
运费发票抵扣额						
待抵扣进项税额						
上期留抵税额						
应纳税额						
已纳税额						
税负（%）						
管理员						
跟踪时间						

需要说明的问题：

（所章）

年　　月　　日

填表说明：1．本表一式二份，由税务管理员填写，一份随辅导期一般纳税人转正资料上报，一份由管理所存档。

2．重点跟踪期限不得少于 3 个月。

3．“纳税情况”相关栏目填写口径为累计数。

十、本章附录

附录 1

小企业会计科目表

编号	会计科目名称	编号	会计科目名称
一、资产类		2202	应付账款
1001	库存现金	2203	预收账款
1002	银行存款	2211	应付职工薪酬
1012	其他货币资金	2221	应交税费
1101	短期投资	2231	应付利息
1121	应收票据	2232	应付利润
1122	应收账款	2241	其他应付款
1123	预付账款	2401	递延收益
1131	应收股利	2501	长期借款
1132	应收利息	2701	长期应付款
1221	其他应收款	三、所有者权益类	
1401	材料采购	3001	实收资本
1402	在途物资	3002	资本公积
1403	原材料	3101	盈余公积
1404	材料成本差异	3103	本年利润
1405	库存商品	3104	利润分配
1407	商品进销差价	四、成本类	
1408	委托加工物资	4001	生产成本
1411	周转材料	4101	制造费用
1421	消耗性生物资产	4301	研发支出
1501	长期债券投资	4401	工程施工
1511	长期股权投资	4403	
1601	固定资产	五、损益类	
1602	累计折旧	5001	主营业务收入
1604	在建工程	5051	其他业务收入
1605	工程物资	5111	投资收益
1606	固定资产清理	5301	营业外收入
1621	生产性生物资产	5401	主营业务成本
1622	生产性生物资产累计折旧	5402	其他业务成本
1701	无形资产	5403	营业税金及附加
1702	累计摊销	5601	销售费用
1801	长期待摊费用	5602	管理费用
1901	待处理财产损溢	5603	财务费用
二、负债类		5711	营业外支出
2001	短期借款	5801	所得税费用
2201	应付票据		

附录 2

小企业资产负债表

资产负债表

会小企 01 表

编制单位: 年 月 日 金额单位: 元（列至角分）

资产	行次	期末余额	年初余额	负债及所有者权益	行次	期末余额	年初余额
流动资产:	1			流动负债:	33		
货币资金	2			短期借款	34		
短期投资	3			应付票据	35		
应收票据	4			应付账款	36		
应收账款	5			预收账款	37		
预付账款	6			应付职工薪酬	38		
应收股利	7			应交税费	39		
应收利息	8			应付利息	40		
其他应收款	9			应付利润	41		
存货	10			其他应付款	42		
其中：原材料	11			其他流动负债	43		
在产品	12			流动负债合计	44		
库存商品	13			非流动负债:	45	—	—
周转材料	14			长期借款	46		
其他流动资产	15			长期应付款	47		
流动资产合计	16			递延收益	48		
非流动资产:	17			其他非流动负债	49		
长期债券投资	18			非流动负债合计	50		
长期股权投资	19			负债合计	51		
固定资产原价	20						
减：累计折旧	21						
固定资产账面价值	22						
在建工程	23						
工程物资	24						
固定资产清理	25						
生产性生物资产	26			所有者权益（或股东权益）:	52		
无形资产	27			实收资本（或股本）	53		
开发支出	28			资本公积	54		
长期待摊费用	29			盈余公积	55		
其他非流动资产	30			未分配利润	56		
非流动资产合计	31			所有者权益（或股东权益）合计	57		
资产总计	32			负债和所有者权益（或股东权益）总计	58		

附录3

小企业利润表

利润表

会小企02表

编制单位: 年 月 日 单位：元

项 目	行次	本年累计金额	本月金额
一、营业收入	1		
减：营业成本	2		
营业税金及附加	3		
其中：消费税	4		
营业税	5		
城市维护建设税	6		
资源税	7		
土地增值税	8		
城镇土地使用税、房产税、车船税、印花税	9		
教育费附加、矿产资源补偿费、排污费	10		
销售费用	11		
其中：商品维修费	12		
广告费和业务宣传费	13		
管理费用	14		
其中：开办费	15		
业务招待费	16		
研究费用	17		
财务费用	18		
其中：利息费用（收入以“－”填列）	19		
加：投资收益（损失以“－”填列）	20		
二、营业利润（亏损以“－”号填列）	21		
加：营业外收入	22		
其中：政府补助	23		
减：营业外支出	24		
其中：坏账损失	25		
无法收回的长期债券投资损失	26		
无法收回的长期股权投资损失	27		
自然灾害等不可抗力因素造成的损失	28		
税收滞纳金	29		
三、利润总额（亏损总额以“－”号填列）	30		
减：所得税费用	31		
四、净利润（净亏损以“－”号填列）	32		

附录 4

小企业现金流量表

现金流量表

会小企 03 表

编制单位:　　　　　　　　　　年　　月　　日　　　　　　　　　　单位: 元

项目	行次	本年累计金额	本月金额
一、经营活动产生的现金流量:			
销售产成品、商品、提供劳务收到的现金	1		
收到其他与经营活动有关的现金	2		
购买原材料、商品、接受劳务支付的现金	3		
支付的职工薪酬	4		
支付的税费	5		
支付其他与经营活动有关的现金	6		
经营活动产生的现金流量净额	7		
二、投资活动产生的现金流量:			
收回短期投资、长期债券投资和长期股权投资收到的现金	8		
取得投资收益收到的现金	9		
处置固定资产、无形资产和其他非流动资产收回的现金净额	10		
短期投资、长期债券投资和长期股权投资支付的现金	11		
购建固定资产、无形资产和其他非流动资产支付的现金	12		
投资活动产生的现金流量净额	13		
三、筹资活动产生的现金流量:			
取得借款收到的现金	14		
吸收投资者投资收到的现金	15		
偿还借款本金支付的现金	16		
偿还借款利息支付的现金	17		
分配利润支付的现金	18		
筹资活动产生的现金流量净额	19		
四、现金净增加额	20		
加: 期初现金余额	21		
五、期末现金余额	22		

十一、本章主要经济业务注释

（一）4月份经济业务注释

业务（2）企业与开户行的有关结算业务，都是通过填写有关凭证，如支票（现金支票和转账支票）、进账单、电汇凭证等，这些凭证都需要企业从开户银行购买，既可以现金支付，也可以转账支付（该企业通过转账支付），购买时除支付凭证费用外，还需要支付相关的手续费，由于此项费用一般较小，所以同手续费一并计入“财务费用”账户。

业务（4）企业在开办过程中发生的费用，一般包括企业登记费、企业公告费、营业执照工本费、企业代码证办理费、银行开户许可证、查询卡办理费、刻章等费用，这些费用都计入“销售费用”账户。

业务（5）发票是证明企业经营活动的原始凭证，购买其支付的款项应计入“销售费用”账户。

业务（7）筹建期间应付工资计入“销售费用”账户，同时贷记“应付职工薪酬”。

业务（8）以电汇方式付出的款项时，应填写一式三联的电汇凭证，在第二联加盖银行预留印鉴，其中第一联（回单联）银行盖章后作为付款方付出款项的原始凭证，支付的邮电费和手续费计入“财务费用”账户。

业务（9）企业预收货款时，应贷记“预收账款”账户，特别要注意反映预收账款的二级明细单位。

业务（10）企业购买的汽车坐垫为企业经营的商品，计入“库存商品”。

（二）5月份经济业务注释

业务（3）支付工资费用时，应借记“应付职工薪酬”。

业务（4）该企业本月为小规模纳税人，销售商品开具的普通发票应以不含税价 6796.12（7000/（1+3%））元计入“主营业务收入”，“应交税费-应交增值税”账户为 203.88 元（6796.12*3%），发货费用全部计入“销售费用”账户。

业务（5）技术服务收入计入“其他业务收入”。

业务（6）利息收入应贷记“财务费用”账户，登记财务费用明细账时，可用红字登记在借方。

业务（10）按照本月应交的增值税计算的城市维护建设税、教育费附加和地方教育费附加，应借记“营业税金及附加”。

（三）6月份经济业务注释

业务（3）辅导期纳税人在购入商品的当月，要先将收到的增值税发票抵扣联到主管税务机关进行信息采集，对于等待比对结果的进项税额，借记“应交税费-待抵扣进项税额”科目，另外 4 月份已预付广州胜利汽配厂购货款，商品验收入库后，贷记“预付账款”。

业务（4）销售商品发生的铁路运费等所收到的发票，需通过税务机关的稽核比对后才能申报抵扣。所以本月份要先将收到的运费发票送到主管税务机关进行信息采集，对于等待比对结果的进项税额，借记“应交税费-待抵扣进项税额”科目。

业务（5）企业为辅导期纳税人，待抵扣进行税额不能抵扣，所以本月应按销项税额 1842.40 元来计算应交的城市维护建设税、教育费附加和地方教育费附加。

第四部分　工业企业综合模拟实训

一、实训目的和要求

（一）实训目的

通过该项模拟实训，学生能系统地练习工业企业会计核算的基本程序和具体方法，并加强对所学专业理论知识的理解，培养基本操作技能和动手能力，熟悉经济业务的账务处理。本实验是对学生所学专业知识的一个综合检验。

本项实训突出综合性、完整性，以飞翔股份有限公司为例，设计了从建账到日常会计核算，计算产品的成本、计算利润并进行利润的分配直至到最后编制财务报表全部过程的会计资料。该实验可以使学生掌握会计账务处理的全过程，使其进一步理解和掌握会计的基础理论、基本方法和基本技能，而且能使学生切身体会出纳、材料核算、成本核算、记账等会计岗位的具体工作，从而对工业企业的会计核算过程有一个比较系统、完整的认识，最终达到会计理论与会计实践融会贯通的目的。

（二）实训要求

（1）实训中所用会计科目，按照《企业会计准则—应用指南》中的相关规定设置，常用会计科目表见本章第七节附录 17。

（2）根据“建账资料”2014 年 12 月月初各账户余额，开设总分类账户、明细分类账户及库存现金日记账、银行存款日记账，将余额记入余额栏，摘要栏填写“承前页”。另外，按照经济业务的发生情况增设相关账户。

（3）现金支票、转账支票、银行汇票委托书、进账单等原始凭证，需根据经济业务由学生自己填制完成。

（4）记账凭证分收款凭证、付款凭证与转账凭证三类，分别编制，分别顺序编号。

（5）严格按照《会计法》《会计基础工作规范》及有关规定进行会计凭证的填制与审核，并严格按照规定的方法与程序进行记账、对账、结账和编制会计报表，发现错账，应采用正确的错账更正方法进行更正。

（6）账簿启用时，应在其扉页载明企业名称、启用日期、起始页数、会计主管人员和记账人员姓名，并签名或盖章。

（7）年度终了，编制会计报表及纳税申报表。

（8）年度终了，所有会计凭证、账簿及会计报表应按照会计档案管理要求进行归档保管。

二、模拟实训资料

（一）模拟企业基本情况介绍

企业名称：飞翔股份有限公司

注册地址：山东省泰安市文化路 44 号

联系电话：0538- 8332382

法定代表人：王成

注册资本：人民币 2 000 万元

企业类型:工业企业

经营范围：生产销售洗衣机Ⅰ和洗衣机Ⅱ等十几种型号产品，其大部分业务为内销，有小部分产品自营出口。

纳税人登记号：370900100121060

基本存款账户：中国工商银行泰安支行财院分理处　　账号：22126069260

美元结算账户：中国工商银行泰安支行财院分理处　　账号：22126069261

证券资金账户：光大证券公司　　账号：168—2547897

（二）生产工艺流程

该企业设有三个基本生产车间：铸工车间、机加车间和装配车间；设有一个辅助生产车间：机修车间，负责对全厂机器设备的维修。

该企业产品生产工艺流程是：首先由铸工车间根据生产计划浇铸各种铸件，经检验合格后送交自制半成品仓库；机加车间自仓库领用自制半成品，经过不同的工序加工成不同的零部件，经检验合格后，直接送交装配车间；装配车间将收到的各种零部件连同从仓库领来的各种外购件组装成各种型号的洗衣机，经验收合格后送交产成品仓库。

三、企业主要会计政策与会计核算方法

（一）账务处理程序

该企业采用科目汇总表核算形式，在每月的 10 日、20 日和 31 日编制科目汇总表，并登记总账，其处理程序见图 4–1。

① 根据原始凭证或汇总原始凭证填制记账赁证；

② 根据收款凭证、付款凭证、转账凭证，逐笔登记库存现金日记账和银行存款日记账；

③ 根据记账凭证并参考原始凭证登记各种明细分类账；

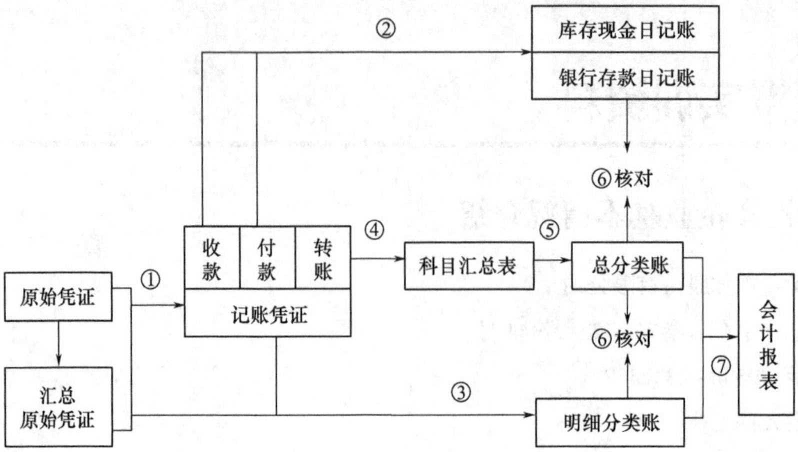

图 4-1　科目汇总表核算形式图

④ 根据记账凭证编制科目汇总表；

⑤ 根据科目汇总表登记总分类账；

⑥ 月末，将库存现金日记账、银行存款日记账和各种明细分类账的余额与总分类账的有关账户的余额核对；

⑦ 月末，根据总分类账和明细分类账的资料编制会计报表。

（二）货币资金的核算

货币资金由出纳人员负责管理和核算，必须遵守如下规定：

（1）库存现金限额 5 000 元，要随支随提，及时补充限额。

（2）收入现金必须向对方开具收据作为收款的凭据。

（3）支付给职工的现金借款、费用报销款的原始凭证必须是经领导批准签字的“借款申请单”或“报销单”。

（4）通过银行支付的款项（支票、银行本票、银行汇票、汇兑等方式），必须有经领导批准签字的“付款申请单”，方可办理转账。

（5）签发支票时，不准开出空白支票或空头支票，如确实无法填写收款人及金额时，必须填写日期、限额及用途。支票和支票的印鉴必须由两人分管。

（三）辅助生产费用的分配方法

机修车间所发生的费用直接计入“生产成本—辅助生产成本（机修车间）”账户，并按各受益部门实际耗用修理工时的比例分配。

（四）税金及附加的计提

1．增值税

该企业为一般纳税人，增值税税率为 17%。

2．城市维护建设税

税率为7%。

3．教育费附加

征收率3%。

4．企业所得税

税率25%。

5．其他税

企业所负担的房产税、车船使用税、印花税、关税等根据国家税法规定计提缴纳。

（五）在产品的计价

原材料按投料率计算，其他项目按工时比例计算。

（六）利润的分配

（1）亏损的弥补按税法规定进行。

（2）盈余公积提取比例为：法定盈余公积10%，任意盈余公积5%。

（3）应付给投资者的利润，由董事会根据当年的获利情况确定。

四、建账资料

1. 飞翔公司2014年12月1日总分类账户余额见表4-1。

表4-1　　2014年12月月初总账账户期初余额表

单位：元

账户名称	借方余额	贷方余额
库存现金	2 970.00	
银行存款	452 000.00	
应收票据	50 000.00	
应收账款	293 000.00	
其他应收款	6 000.00	
原材料	380 000.00	
周转材料	5 400.00	
自制半成品	388 066.00	
库存商品	61 800.00	
生产成本	178 423.99	
交易性金融资产	121 800.00	
长期股权投资	100 000.00	
固定资产	2 474 000.00	
累计折旧		620 000.00
无形资产	100 000.00	
短期借款		675 265.99

续表

账户名称	借方余额	贷方余额
应付票据		316 000.00
应付账款		70 000.00
应交税费		90 510.00
应付职工薪酬		455 321.38
其他应付款		460.00
应付利息		20 000.00
实收资本		1 300 000.00
资本公积		75 000.00
盈余公积		62 040.00
利润分配		98 862.62
本年利润		830 000.00
合计	613 459.99	4613 459.99

2. 2014 年 12 月 1 日，有关明细账户余额如下

（1）“原材料”

1#材料 30 000 公斤，每公斤 4.10 元，计 123 000.00 元；

2#材料 59 000 公斤，每公斤 3 元，计 177 000.00 元；

外购 1#材料 20 000 公斤，每公斤 4 元，计 80 000.00 元。

（2）“生产成本”（见表 4–2）

表 4-2

车间	产品名称	直接材料	直接人工	制造费用	合计
机加车间	洗衣机Ⅰ	45 490.00	15 000.00	10 000.00	70 490.00
	洗衣机Ⅱ	35 370.00	12 000.00	8 000.00	55 370.00
	小计	80 860.00	27 000.00	18 000.00	125 860.00
装配车间	洗衣机Ⅰ	13 886.00	1 881.60	7 151.11	22 918.71
	洗衣机Ⅱ	17 064.00	2 620.80	9 960.48	29 645.28
	小计	30 950.00	4 502.40	17 111.59	52 563.99

（3）“自制半成品”（见表 4–3）

表 4-3

名称	计量单位	数量	实际单位成本	总成本
铸件	吨	70	5 543.80	388 066.00

（4）“库存商品”（见表 4–4）

表 4-4

名称	计量单位	数量	实际单位成本	总成本
洗衣机Ⅰ	台	20	1 250.00	25 000.00
洗衣机Ⅱ	台	23	1 600.00	36 800.00
合计	台	43	2 850.00	61 800.00

（5）“周转材料—低值易耗品”

低 1#，100 件，54 元/件，计 5 400 元。

（6）“生产成本—辅助生产”（见表 4-5）

表 4-5　“生产成本——辅助生产”明细项目表

工资及福利费	折旧费	财产保险费及修理费	低值易耗品及材料消耗	水电费	办公费	其他

（7）“制造费用”（见表 4-6）

表 4-6　“制造费用”明细项目表

工资及福利费	折旧费	财产保险费及修理费	低值易耗品及材料消耗	水电费	办公费	其他

（8）“管理费用”（见表 4-7）

表 4-7　“管理费用”明细项目表

交通、差旅费	交际应酬费	通信费	水电费	物料消耗	折旧及无形资产摊销	工资及三项经费	五险一金	财产保险费及修理费	其他

（9）2014 年 12 月份产品产量记录（见表 4-8）

表 4-8　单位：台

车间	名称	月初在产品	本月投产	本月完工	月末在产品	投料率
机加车间	洗衣机Ⅰ	16	233	240	9	100%
	洗衣机Ⅱ	28	158	180	6	100%
装配车间	洗衣机Ⅰ	12	234	240	6	100%
	洗衣机Ⅱ	23	164	180	7	100%

（10）2014 年 12 月份产品生产工时记录（见表 4-9）

表 4-9　单位：小时

车间	名称	月初在产品	本月投产	合计	本月完工	月末在产品
机加车间	洗衣机Ⅰ	1 008	11 607	12 615	12 320	295
	洗衣机Ⅱ	1 152	10 293	11 445	10 560	885
装配车间	洗衣机Ⅰ	448	13 668	14 116	12 800	1 316
	洗衣机Ⅱ	624	13 132	13 756	12 768	988

五、2014 年 12 月份发生的经济业务

（1）1 日，接银行通知，收到东风公司投资 10 000.00 元。

（2）1 日，签发现金支票一张，提取现金 4 000.00 元备用。（要求：签发现金支票）

（3）1 日，销售员刘成出差预借差旅费 1 000.00 元，出纳以库存现金付讫。（要求：填制借

款单）

（4）2 日，向银行申请银行汇票一张，票面金额 60 000.00 元，收款人为天津耀发模具厂，交采购员王严采购低 1#。（要求：填制银行汇票委托书）。

（5）3 日，接银行通知，黄海公司还来前欠货款 8 000.00 元，已存入银行存款户。

（6）4 日，收到北京博大进出口贸易公司交来支票一张，金额为 293 000.00 元，系偿还上月购货所欠货款。（要求：填制银行进账单）

（7）5 日，向天津耀发模具厂采购的低 1#900 件已验收入库，增值税发票列明价款 48 600.00 元，税额 8 262.00 元，用本月 2 日签发的银行汇票结算，实际结算金额为 56 862.00 元。（要求：填制收料单）

（8）6 日，向上海公司购入 1#材料，共需支付 28 680.00 元，已通过银行以委托收款方式付清。

（9）7 日，收到银行通知，采购低 1#的银行汇票结算多余款 3 138.00 元，已划回收账。

（10）8 日，采购员于华申请银行承兑汇票一张，金额 115 128.00 元，期限 2 个月，向力成精密电路公司购入外购 1#80 台，增值税发票列明价款 98 400.00 元，税额 16 728.00 元，货已验收入库。

（11）9 日，上述向上海公司购入的 1#材料运达企业并已验收入库，按其实际成本转账。

（12）10 日，销售给徐州公司洗衣机Ⅰ产品款已收到并存入银行。

（13）11 日，售给长江公司洗衣机Ⅱ，收到期限为六个月的银行承兑汇票。

（14）12 日，仓库发出下列材料，其用途见表 4-10。

表 4-10

用　途	1#材料		2#材料		合　计
	数量（公斤）	金额（元）	数量（公斤）	金额（元）	
生产洗衣机Ⅰ	10 000	41 000	8 200	24 600	65 600
生产洗衣机Ⅱ	6 000	24 600	12 300	36 900	61 500
行政管理部门			820	2 460	2 460
合　计	16 000	65 600	21 320	63 960	129 560

（15）13 日，开出 60 000.00 元的转账支票一张，通过希望工程基金会捐赠山区小学。

（16）14 日，销售员刘成报销差旅费 600.00 元，余款 400.00 元交还出纳。

（17）该企业的工资制度是每月 15 日前计算并发放上月工资，出勤按上月实际情况考核。15 日，签发支票一张，委托银行代发工资，实发工资总额为 455 321.38 元，支付银行手续费 200.00 元。

（18）15 日，根据“五险一金汇总表”，计算企业应负担的五险一金（为简化核算，企业负担的五险一金全部计入“管理费用”）。

计提企业负担的养老保险 90 851.66 元；计提企业负担的医疗保险 45 105.70 元；计提企业负担的失业保险 16 713.42 元；计提企业负担的生育保险 10 017.28 元；计提企业负担的工伤保险 10 017.28 元；计提企业负担的住房公积金 55 711.40 元。

（19）15 日，以银行存款交纳上月各种税金及教育费附加。

（20）16 日，国家投入新设备一台，交付车间使用。

（21）17 日，向聊城公司购入材料，已验收入库，款暂欠。

（22）18 日，销售产品洗衣机Ⅰ和洗衣机Ⅱ，已办妥委托收款手续（要求：填制产成品出库单）。

（23）19 日，机加车间有一台普通车床 M180，由于导轨损坏，经批准作报废处理。该设备原值 76 000.00 元，已使用 6 年，已提折旧 55 290.00 元。

（24）20 日，将已报废的普通车床 M180 送往废旧物资回收公司，收到该公司开具的收购凭证和支票各一张，收购金额 6 800.00 元，企业将支票送存银行。（要求：填制进账单，开具收据）。

（25）20 日，偿还聊城公司购料款 94 185.00 元。

（26）20 日，向银行申请取得三个月借款，已办妥。

（27）20 日，购买办公用品，以现金支付。

（28）21 日，接银行通知，企业对外投资分来投资收益，已收妥入账。

（29）21 日，经董事会批准，将盘亏的电动机一台，电动机的原价 25 000.00 元，估计折旧 5 000.00 元，净值 20 000.00 元，转作营业外支出。

（30）22 日，以银行存款支付广告费 5 000.00 元。

（31）22 日，以银行存款支付下一年财产保险费 4 800.00 元。

（32）23 日，北京博大贸易进出口公司采购洗衣机Ⅰ100 台，不含税单价 2 000.00 元/台，洗衣机Ⅱ100 台，不含税单价 3 000.00 元/台，货已发出，并向中国银行办妥托收承付结算手续。（要求：开具增值税专用发票，填制产成品出库单和托收承付凭证）。

（33）23 日，以银行存款从某科研所购入专利权一项，已办妥有关手续。

（34）24 日，以银行存款购入新设备一台，价值 20 000.00 元，增值税 17%，已交付使用。

（35）24 日，收到四季度银行存款利息 1 482.50 元。

（36）25 日，以现金支付合同滞纳赔偿金 1 000.00 元。

（37）25 日，收到罚款收入存入银行。

（38）26 日，接受外商捐赠全新设备一台。该磨床的市场价格为 180 000.00 元。

（39）26 日，经批准，将资本公积 30 000.00 元转增注册资本。

（40）27 日，以银行存款 2 000.00 元支付抗洪救灾捐款。

（41）28 日，计提本月固定资产折旧。

铸工车间：20 600.00 元，机加车间：47 000.00 元，装配车间：52 900.00 元，机修车间：19 600.00 元，行政管理部门：57 607.00 元。

（42）29 日，以银行存款支付本月电费。

（43）30 日，收到工商银行转来的自来水公司的托收凭证，付讫款项共计 9 311.20 元，按规定换取的增值税专用发票列明水费 8 240.00 元和增值税 1 071.20 元，本公司在支付水费时当即按下列固定比例进行分配。

铸工车间：17%，机修车间：20%，机加车间：28%，装配车间：14%，行政管理部门：21%。

（44）31 日，按生产工时比例结转机加车间、装配车间的制造费用。（要求：编制各车间制造费用分配表）。

（45）31 日，计算并结转铸工车间自制半成品（铸件）的成本，本月铸件完工 5 吨。月末，无在产品。

（46）31 日，采用全月一次加权平均法计算并结转领用铸件的成本，本月领用铸件 65 吨，其中 35 吨用于生产洗衣机Ⅰ，30 吨用于生产洗衣机Ⅱ。

（47）31 日，结转本月完工产品的成本，本月完工洗衣机Ⅰ240 台，洗衣机Ⅱ180 台。

（48）31 日，采用全月一次加权平均法，结转各产品销售成本。

（49）31 日，计提应交的城市维护建设税和教育费附加。（要求：进行城市维护建设税和教育费附加网上纳税申报）

实务中计提应交税费的会计分录做在税款所属当月，网上申报和缴税款工作在税款所属的次月 15 日前完成。

（50）31 日，根据证券交易所公布的有关数据，公司持有的交易性金融资产的市值为 128 700.00 元。

（51）31 日，核定非流动资产的减值情况，其中长期股权投资本年度无减值损失；因技术发展，公司原有的非专利技术已贬值，计提无形资产减值准备 30 000.00 元。

（52）31 日，收到接受投资单位报送的本年度利润表，有关资料见表 4-11。

表 4-11

接受投资单位名称	本单位出资比例	本年净利润（元）
弗莱服装有限公司	45%	200 000.00
风帆电机厂	30%	-25 800.00

（53）31 日，将损益类账户余额转入“本年利润”账户。

（54）31 日，按照利润总额的 25%计算和结转本年的所得税。

（55）31 日，将全年净利润转入“利润分配—未分配利润”账户。

（56）31 日，分别按全年税后利润的 10%提取法定盈余公积，5%提取任意盈余公积，向投资者分配股利 9 000.00 元，尚未发放。

（57）31 日，将“利润分配”账户其余各明细账户的余额转入“利润分配——未分配利润”。

六、记录及证明经济业务发生的原始凭证

经济业务（1）

中国工商银行 电汇凭证（收账通知） 委托号码：000069

委托日期 2014年12月1日 第 4 号

<table>
<tr><td rowspan="3">汇款人</td><td>全称</td><td>东风公司</td><td rowspan="3">收款人</td><td>全称</td><td colspan="10">飞翔股份有限公司</td></tr>
<tr><td>账号或地址</td><td>3674515638</td><td>账号或地址</td><td colspan="10">22126069260</td></tr>
<tr><td>开户银行</td><td>工商银行郑州营业部</td><td>开户银行</td><td colspan="10">工行泰安支行财院分理处</td></tr>
<tr><td rowspan="2">委收金额</td><td colspan="4" rowspan="2">人民币（大写）壹万元整</td><td>千</td><td>百</td><td>十</td><td>万</td><td>千</td><td>百</td><td>十</td><td>元</td><td>角</td><td>分</td></tr>
<tr><td></td><td></td><td>¥</td><td>1</td><td>0</td><td>0</td><td>0</td><td>0</td><td>0</td><td>0</td></tr>
<tr><td>款项内容</td><td>投资</td><td>委托收款凭据名称</td><td>发票</td><td colspan="2">附寄单证张数</td><td colspan="9">2</td></tr>
<tr><td colspan="4">备注：</td><td colspan="2">款项收妥日期
年 月 日</td><td colspan="9">收款人开户行
盖章 月 日</td></tr>
</table>

单位主管 会计 复核 记账

经济业务（2）

<table>
<tr><td>中国工商银行
现金支票存根
LⅣ00000000
附加信息

出票日期 年 月 日
收款人：
金额：
用途：
单位主管 会计</td><td>中国工商银行 现金支票 LⅣ00000000
出票日期（大写） 年 月 日 付款行名称：
收款人： 出票人账号
本支票付款期限十天
人民币（大写） 亿 千 百 十 万 千 百 十 元 角 分
用途
上列款项请从
我账户内支付
出票人签章
复核 记账</td></tr>
</table>

经济业务（3）

借款单（副联）

年　　月　　日

今借到人民币（大写）____________________ ¥________

其中：支票____________现金____________

系作______________________________之用

批准人　　　　负责人　　　　借款人

经济业务（4）

________银行汇票申请书（存根）　1

第　　号

申请日期　　年　　月　　日

申请人		收款人										
账号 或住址		账号 或住址										
用途		代理 付款行										
汇票金额	人民币 （大写）		千	百	十	万	千	百	十	元	角	分

此联出票行给汇款人的回单

上列款项请从我账户内支付

科　　目（借）________________

对方科目（贷）________________

申请人盖章

财务主管　　　复核　　　经办

经济业务（5）

中国工商银行 信汇凭证 第 5 号

委托日期 2014 年 12 月 3 日

<table>
<tr><td rowspan="3">汇款人</td><td>全称</td><td colspan="3">黄海公司</td><td rowspan="3">收款人</td><td>全称</td><td colspan="3">飞翔股份有限公司</td></tr>
<tr><td>账号或地址</td><td colspan="3">116600004101</td><td>账号或地址</td><td colspan="3">22126069260</td></tr>
<tr><td>汇出地点</td><td>山东省泰安市</td><td>汇出行名称</td><td>工行财院分理</td><td>汇入地点</td><td>山东省泰安市</td><td>汇入行名称</td><td>中国工商银行泰安支行财院分理处</td></tr>
</table>

金额	人民币（大写）捌仟元整	千	百	十	万	千	百	十	元	角	分
					¥	8	0	0	0	0	0

汇款用途：货款	留行待取预留 收 款 人印鉴

经济业务（6-1）

中国工商银行 转账支票 No. 06380872

出票日期（大写）贰零壹肆年壹拾贰月零肆日 付款行名称：工行北太平庄分理处

收款人：飞翔股份有限公司 出票人账号：055267-78

本支票付款期限十天

人民币贰拾玖万叁仟元整（大写）	百	十	万	千	百	十	元	角	分
	¥	2	9	3	0	0	0	0	0

用途________

上列款项请从

我账户内支付

出票人签章 复核 记账

经济业务（6-2）

中国工商银行 进账单 （回 单） 1

年 月 日

收款人	全 称		付款人	全 称	
	账 号			账 号	
	开户银行			开户银行	

金额	人民币（大写）	亿	千	百	十	万	千	百	十	元	角	分

票据种类		票据张数		
票据张数				
复核 记账				开户银行盖章

此联是开户银行交给持（出）票人的回单

经济业务（7-1）

天津增值税专用发票

No.02154632

发票联

开票日期：2014 年 12 月 05 日

购货单位	名 称：飞翔股份有限公司 纳税人识别号：370900100121060 地 址、电 话：泰安市文化路 44 号 8332382 开户行及账号：中国工商银行泰安支行财院分理处 22126069260	密码区	9/0+0>*〈3〉5〉927+296+/ 加密版本：01 448〈6375〈65〉〈4/ 37009932310 2-2〈2051+21+2618〈7 0434 /3-14〉〉09/5/-1〉〉〉2702154632

货物或应税劳务名称	规格型号	单位	数量	单价	金额	税率	税额
低 1#		件	900	54.00	48 600.00	17%	8 262.00
合 计					¥48 600.00		¥8 262.00
价税合计（大写）	⊗ 伍万陆仟捌佰陆拾贰元整					（小写）	¥56 862.00

销货单位	名 称：天津耀发模具厂 纳税人识别号：120008789456466 地 址、电 话：天津市朝阳路 6 号 开户行及账号：工行天津分行 0200010009006616804	备注	

收款人： 复核： 开票人：李新 销货单位：（章）

第三联：发票联 购货方记账凭证

经济业务（7-2）

收料单

供货单位：__________

发票号码：__________ 年 月 日 收货仓库：________

材料类别	名称及规格	计量单位	数量		实际成本		计划成本		差异
			应收	实收	单价	金额	单价	金额	

此联验收留存

验收： 保管： 记账： 制单：

经济业务（8-1）

铁路局运杂费专用发票

上海铁路局运输号码 No 865494

<table>
<tr><td colspan="2">发站</td><td>上海</td><td>到站</td><td colspan="2">泰安市</td><td colspan="2">车种车号</td><td></td><td>货车自重</td><td></td></tr>
<tr><td colspan="2">集装箱型</td><td>HG</td><td>运到期限</td><td colspan="2"></td><td colspan="2">保价金额</td><td></td><td>运价里程</td><td></td></tr>
<tr><td rowspan="2">收款人</td><td>全称</td><td colspan="2">飞翔股份有限公司</td><td rowspan="2">发货人</td><td>地址</td><td colspan="3">上海公司</td><td colspan="2">现付费用</td></tr>
<tr><td>地址</td><td colspan="2">泰安市文化路 44 号</td><td>全称</td><td colspan="3">蒲东新区</td><td>项目</td><td>金额</td></tr>
<tr><td colspan="2">购货名称</td><td>件数</td><td>货物重量</td><td>计费重量</td><td>运价号</td><td>运价率</td><td></td><td>附记</td><td>运费</td><td>340.00</td></tr>
<tr><td colspan="2">1#材料</td><td>1</td><td>6 000</td><td></td><td></td><td></td><td></td><td></td><td>保险费</td><td>150.00</td></tr>
<tr><td colspan="2"></td><td></td><td></td><td></td><td></td><td></td><td></td><td></td><td>其他</td><td>110.00</td></tr>
<tr><td colspan="8">发货人声明事项：</td><td></td><td></td><td></td></tr>
<tr><td colspan="8">铁路局声明事项：</td><td></td><td>合计</td><td>600.00</td></tr>
</table>

经济业务（8-2）

上海市增值税专用发票

No.0063490

发票联

开票日期：2014 年 12 月 6 日

购货单位	名　　称：飞翔股份有限公司 纳税人识别号：370900100121060 地 址、电 话：泰安市文化路 44 号 8332382 开户行及账号：中国工商银行泰安支行财院分理处 22126069260	密码区	

商品或劳务名称	规格型号	单位	数量	单价	金额	税率	税额
1#材料		公斤	6 000	4	24 000.00	17%	4 080.00
合计					¥24 000.00		¥4 080.00
价税合计（大写）	⊗ 佰 ⊗ 拾贰万捌仟零佰捌拾零元零角零分				（小写）¥28 080.00		

销货单位	名　　称：上海公司 纳税人识别号：230102100120054 地 址、电 话：上海浦东新区 开户行及账号：工行十二办	备注	

收款人：张平　　开票单位（未盖章无效）　　结算方式：转账

第三联：发票联　购货方记账凭证

经济业务（9）

中国工商银行

付款期限 壹个月

银行汇票（多余款收账通知）　4　汇票号码

出票日期（大写）贰零壹肆年壹拾贰月零柒日　　代理付款行：中国工商银行泰安支行　　行号：

收款人：天津耀发模具厂											账　号：0200010009006616804
出票金额	人民币（大写）陆万元整										
实际结算金额	千	百	十	万	千	百	十	元	角	分	人民币（大写）伍万陆仟捌佰陆拾贰元整
			¥	5	6	8	6	2	0	0	

申请人：飞翔股份有限公司　　账号：22126069260

出票行：中国工商银行泰安支行

多余金额										科目（贷）………… 对方科目（借）………… 转账日期　年　月　日 复核　记账
千	百	十	万	千	百	十	元	角	分	
			¥	3	1	3	8	0	0	

备注：

复核　　经办

此联出票行结算汇票时作汇出汇款借方凭证

经济业务（10-1）

飞翔股份有限公司

付款申请单

2014 年 12 月 8 日

付款单位：采购部门	申请人：于华
付款原因：采购外购 1#80 台	
付款方式：现金　　支票（号）　　电汇　　其他 银行承兑汇票	
付款金额：人民币（大写）壹拾壹万伍仟壹佰贰拾捌元整　　小写 ¥ 115 128.00	
收款单位：力成精密电路公司	
开户银行及账号：招行将台路支行 0105250997	
单位负责人意见：刘正	申请人领款签字：于华
财务主管审批：罗东	出纳：王小南

经济业务（10-2）

银行承兑汇票（存根）　4

出票日期：贰零壹肆 年 壹拾贰 月 零捌 日　　汇票号码 09178
（大写）

出票人全称	飞翔股份有限公司	收款人	全称	力成精密电路公司											
出票人账号	22126069260		账号	0105250997											
付款行全称	工行泰安支行财院分理处		开户银行	招行将台路支行	行号										
出票金额	人民币壹拾壹万伍仟壹佰贰拾捌元整（大写）				亿	千	百	十	万	千	百	十	元	角	元
							¥	1	1	5	1	2	8	0	0
汇票到期日（大写）	贰零壹肆年零贰 月零捌日	付款行	行号												
承兑协议编号			地址												
本汇票请你行承兑，此项汇票款我单位承兑协议于到期日前足额交存银行，到期请予以支付。 出票人签章	备注：			复核　记账											

此联承兑行留存备查，到期支付票款时作借方凭证附件

经济业务（10-3）

银行承兑协议（存根） 1

编号：

银行承兑汇票的内容：

收款人全称 力成精密电路公司　　　付款人全称 飞翔股份有限公司

开户银行 招行将台路支行　　　开 户 银 行 工行泰安支行财院分理处

账　　号 0105250997　　　账　　号 22126069260

汇票号码 09178　　　汇票金额（大写）壹拾壹万伍仟壹佰贰拾捌元整

签发日期 2014 年 12 月 08 日　　　到期日期 2015 年 2 月 8 日

以上汇票经承兑银行承兑，承兑申请人（下称申请人）愿遵守《银行结算办法》的规定以及下列条款：

一、申请人于汇票到期日前将应付票款足额交存承兑银行。

二、承兑手续费按票面金额万分之（五）计划，在银行承兑时一次付清。

三、承兑汇票如发生任何交易纠纷，均由收付双方自行处理，票款于到期前仍按第一条办理。

四、承兑汇票到期日，承兑银行凭票无条件支付票款。如到期日之前申请人不能足额交付票款时，承兑银行对不足支付票款转作承兑申请逾期贷款，并按照有关规定计收罚息。

五、承兑汇票款付清后，本协议自动失效。

本协议第一、二联分别由承兑银行信贷部门和承兑申请人存执，协议副本由承兑银行会计部门存查。

承兑申请人签章：飞翔股份有限公司　　　承兑银行签章：

订立承兑协议日期：　　　年　　月　　日

经济业务（10-4）

北京增值税专用发票

No.02154667

发票联

开票日期：2014 年 12 月 08 日

购货单位	名　　称：飞翔股份有限公司 纳税人识别号：370900100121060 地 址、电 话：泰安市文化路 44 号 8332382 开户行及账号：工行泰安支行财院分理处 22126069260			密码区			
货物或应税劳务名称	规格型号	单位	数量	单价	金额	税率	税额
外购 1#		台	80	1 230.00	98 400.00	17%	16 728.00
合　　计					¥98 400.00		¥16 728.00
价税合计（大写）	⊗ 壹拾壹万伍仟壹佰贰拾捌元整　（小写）¥115 128.00						
销货单位	名　　称：力成精密电路公司 纳税人识别号：1101087363978 地 址、电 话：北京市将台路 92 号 64042886 开户行及账号：招行将台路支行 110108763978			备注			

第三联：发票联　购货方记账凭证

收款人：　　复核：　　开票人：王玉　　销货单位：（章）

经济业务（11）

收料单

供应单位：上海公司　　　　　　　材料科目：编号：01

发票号码：0063490　　　　　　2014 年 12 月 9 日　材料类别：1#材料　　仓库：壹

材料编号	名称	规格	计量单位	数量		实际成本				
				应收	实收	买价		运杂费	其他	合计
						单价	金额			
	1#材料		公斤	6 000	6 000	4	24 000	600		24 600

收款人：刘彬　　　　　　　　　　　　　　经手人：陈明

经济业务（12-1）

山东省增值税专用发票

№.0063490

发票联

开票日期：2014 年 12 月 10 日

购货单位	名称：徐州公司 纳税人识别号：29060210010036 地址、电话：中州路 188 号 开户行及账号：工商行二分行　20100356	密码区					
商品或劳务名称	规格型号	单位	数量	单价	金额	税率	税额
洗衣机 I		台	50	2 000	100 000.00	17%	17 000.00
合　计					¥100 000.00		¥17 000.00
价税合计（大写）	⊗ 佰壹拾壹万柒仟零佰零拾零元零角零分　（小写）¥117 000.00						
销货单位	名称：飞翔股份有限公司 纳税人识别号：370900100120060 地址、电话：泰安文化路 44 号 8332382 开户行及账号：工行泰安支行财院分理处	备注					

第三联：发票联　购货方记账凭证

收款人：李为　　　　　　开票单位（未盖章无效）　　　　　结算方式：转账

经济业务（12-2）

中国工商银行进账单（收账通知）

2014 年 12 月 10 日　　第 004 号

<table>
<tr><td rowspan="3">收款人</td><td>全　称</td><td>飞翔股份有限公司</td><td rowspan="3">付款人</td><td>全　称</td><td colspan="8">徐州公司</td></tr>
<tr><td>账　号</td><td>22126069260</td><td>账　号</td><td colspan="8">20100354</td></tr>
<tr><td>开户银行</td><td>工行财院分理处</td><td>开户银行</td><td colspan="8">市工行二分行</td></tr>
<tr><td colspan="2" rowspan="2">人民币（大写）</td><td rowspan="2">壹拾壹万柒仟零佰零拾零元整</td><td>千</td><td>百</td><td>十</td><td>万</td><td>千</td><td>百</td><td>十</td><td>元</td><td>角</td><td>分</td></tr>
<tr><td></td><td>¥</td><td>1</td><td>1</td><td>7</td><td>0</td><td>0</td><td>0</td><td>0</td><td>0</td></tr>
<tr><td colspan="2">票据种类</td><td>转　支</td><td colspan="2">1</td><td colspan="8" rowspan="2">收款银行盖章</td></tr>
<tr><td colspan="5">单位主管　会计　复核　记账</td></tr>
</table>

经济业务（13-1）

山东省增值税专用发票

№0063590

发票联

开票日期：2012 年 12 月 11 日

<table>
<tr><td>购货单位</td><td colspan="4">名　　称：长江公司
纳税人识别号：280602100120026
地 址、电 话：长江路 188 号
开户行及账号：工商长江分行　20100668112</td><td>密码区</td><td colspan="3"></td></tr>
<tr><td colspan="2">商品或劳务名称</td><td>规格型号</td><td>单位</td><td>数量</td><td>单价</td><td>金额</td><td>税率</td><td>税额</td></tr>
<tr><td colspan="2">洗衣机Ⅱ</td><td></td><td>台</td><td>20</td><td>3 000</td><td>60 000.00</td><td>17%</td><td>10 200.00</td></tr>
<tr><td colspan="2">合　计</td><td></td><td></td><td></td><td></td><td>¥60 000.00</td><td></td><td>¥10 200.00</td></tr>
<tr><td colspan="2">价税合计（大写）</td><td colspan="7">⊗ 佰 ⊗ 拾柒万零仟贰佰零拾零元零角零分　　（小写）¥70 200.00</td></tr>
<tr><td>销货单位</td><td colspan="4">名　　称：飞翔股份有限公司
纳税人识别号：370900100120060
地 址、电 话：泰安文化路 44 号 8332382
开户行及账号：工行泰安支行财院分理处</td><td>备注</td><td colspan="3"></td></tr>
</table>

第三联：发票联　购货方记账凭证

收款人：李为　　开票单位（未盖章无效）　　结算方式：转账

经济业务（13-2）

银行承兑汇票（存根） 4

出票日期：贰零壹肆 年 壹拾贰 月 壹拾壹 日 汇票号码 09279
（大写）

出票人全称	长江公司	收款人	全称	飞翔股份有限公司		
出票人账号	20100668112		账号	22126069260		
付款行全称	工行长江分行		开户银行	工行泰安支行财院分理处	行号	

出票金额	人民币柒万零贰佰元整（大写）	亿	千	百	十	万	千	百	十	元	角	元
					¥	7	0	2	0	0	0	0

汇票到期日（大写）	贰零壹伍年零陆月壹拾壹日	付款行	行号	
承兑协议编号			地址	

本汇票请你行承兑，此项汇票款我单位承兑协议于到期日前足额交存银行，到期请予以支付。 出票人签章	备注：	复核 记账

此联承兑行留存备查，到期支付票款时作借方凭证附件

经济业务（15）

山东省行政事业性统一银线收据

2014 年 12 月 13 日 No.5110420

今收到 飞翔股份有限公司	
交来 希望工程捐款	
人民币（大写）陆万元整	¥60 000.00
收款单位（公章）	收款人（签章） 王立红

经济业务（16）

差旅费报销单

部门：销售部门　　　　填报日期　　　　2014 年 12 月 14 日

姓名			刘成			出差事由		参加销售会议					出差日期	自 2014 年 12 月 1 日至 2014 年 12 月 2 日			共 2 天	
起讫时间及地点						车船费		夜间乘车补助费			出差补助费			住宿费			其他	
月	日	起	月	日	讫	类别	金额	时间	标准	金额	日数	标准	金额	日数	标准	金额	摘要	金额
12	1		12	2		汽车	240	小时	%		2	100	200	1	160	160		
								小时	%									
								小时	%									
								小时	%									
								小时	%									
								小时	%									
小计							240						200			160		
共计金额（大写）		⊗ 仟陆 佰 零拾零 元 零角 零分								预支 1 000.00 核销 600.00 退补 400.00								

附单据共　张

主管　　　　部门　　　　审核　　　　填报人　刘成

经济业务（17）

工资计算表

部门		基本工资	岗位工资	应扣病事假工资	应付工资	代扣款项						实发工资
						医疗保险	养老保险	住房公积金	失业保险	个人所得税	合计	
铸工车间	生产工人	46 800.00	936.00	156.00	47 580.00	518.00	3 276.00	4 680.00	468.00	314.86	9 256.86	38 323.14
	管理人员	4 300.00	86.00		4 386.00	93.00	301.00	430.00	43.00	75.80	942.80	3 443.20
	小计	51 100.00	1 022.00	156.00	51 966.00	611.00	3 577.00	5 110.00	511.00	390.66	10 199.66	41 766.34
机加车间	生产工人	152 300.00	3 046.00	738.00	154 608.00	1 573.00	10 661.00	15 230.00	1 523.00	1 312.60	30 299.60	124 308.40
	管理人员	15 120.00	302.00		15 422.00	201.20	1 058.40	1 512.00	151.20	189.40	3 112.20	12 309.80
	小计	167 420.00	3 348.00	738.00	170 030.00	1 774.20	11 719.4	16 742.00	1 674.20	1 502.00	33 411.80	136 618.20
装配车间	生产工人	187 954.00	3 759.00	429.00	191 284.00	1 929.54	13 156.78	18 795.40	1 879.54	1 965.90	37 727.16	153 556.84
	管理人员	17 260.00	345.00		17 605.00	222.60	1 208.20	1 726.00	172.60	324.40	3 653.80	13 951.20
	小计	205 214.00	4 104.00	429.00	208 889.00	2 152.14	14 364.98	20 521.40	2 051.14	2 290.30	41 380.96	167 508.04
机修车间		37 600.00	752.00		38 352.00	426.00	2 632.00	3 760.00	376.00	423.00	7 617.00	30 735.00
销售部门		6 180.00	124.00		6 304.00	111.80	432.60	618.00	61.80	84.00	1 308.20	4 995.80
管理部门		89 600.00	1 792.00		91 392.00	946.00	6 272.00	8 960.00	896.00	620.00	17 694.00	73 698.00
合计		557 114.00	11 142.00	1 323.00	566 933.00	6 021.14	38 997.98	55 711.40	5 571.14	5 309.96	111 611.62	455 321.38

经济业务（18）

五险一金汇总表

计提项目	企业负担金额	个人负担金额	合计
养老保险	90 851.66	38 997.98	129 849.64
医疗保险	45 105.70	60 21.14	51 126.84
失业保险	16 713.42	5 571.14	22 284.56
生育保险	10 017.28	—	10 017.28
工伤保险	10 017.28	—	10 017.28
住房公积金	55 711.40	55 711.40	111 422.80
合计	228 416.74	106 301.66	334 718.40

经济业务（19-1）

中国工商银行

转账支票存根

VI II 0297386

科　　目 银行存款

对方科目 应交税费

出票日期 2014 年 12 月 15 日

收款人：王力
金　额：¥90 510.00
用　途：交税和教育费附加

单位主管　　　　　　会计

经济业务（19-2）

中华人民共和国税收通用缴款书

征税机关：

隶属关系：

经济类型：股份有限公司　　　　填发日期：2014 年 12 月 16 日

缴款单位（人）	代码		预算科目	编码	
	全称	飞翔股份有限公司		名称	企业增值税
	开户银行	22126069260		级次	
	账号	中国工商银行泰安支行财院分理处	收款国库		
税款所属时期 2014 年 11 月 1 日至 31			税款限缴日期 2014 年 12 月 15 日		

品目名称	课税数量	计税金额或销售收入	税率或单位税额	已缴或扣除额	实税金额										
					亿	千	百	十	万	千	百	十	元	角	分
洗衣机		500 000	17%						8	5	0	0	0	0	0
金额合计（大写）捌万伍仟元整								¥	8	5	0	0	0	0	0

缴款单位（人）（盖章）经办人（章）	税务机关（盖章）填票人（章）	上列款项已收妥并划转收款项单位账户 国库（银行）盖章 年 月 日	备注：

逾期不缴按税法规定加收滞纳金

经济业务（19-3）

中国工商银行电子缴税付款凭证

转账日期：2014 年 12 月 15 日　　　　凭证字号：002286

纳税人全称及纳税人识别号：飞翔股份有限公司

付款人全称：飞翔股份有限公司

付款人帐号：22126069260　　　　征收机关名称：泰安市蜀山区国家税务局

付款人开户银行：工行泰安支行财院分理处　　　　收款国库（银行）名称：泰安市高新区

小写（合计）金额：¥5510.00　　　　缴款书交易流水号：××××××××××××××××

大写（合计）金额：人民币伍仟伍佰壹拾元整　　　　税票号码：××××××××××××××××

税（费）种名称	所属时期	实缴金额
城市维护建设税	20141101-20141131	2 400.00
教育费附加	20141101-20141131	1 360.00
个人所得税	20141101-20141131	1 750.00

第 1 次打印　　　　打印时间：2014 年 12 月 15 日 11 时 58 分

经济业务（20）

资产评估报告书

根据《国有资产评估管理办法》对贵厂接受山东国资委投入磨床一台进行评估，确认价为 60 000 元。

中国注册会计师 李 忠 张 华

泰安岱宗会计师事务所

二〇一二年十二月六日

投出单位：山东省国资委

固定资产转移单

投入单位：飞翔股份有限公司　　2012 年 12 月 16 日　　转移单号：008

<table>
<tr><td colspan="2">转移原因</td><td colspan="4">投资</td><td>确认价值</td><td colspan="2">60 000 元</td></tr>
<tr><td>名称</td><td>规格型号</td><td>单位</td><td>数量</td><td>预计使用年限</td><td>已使用年限</td><td>原值</td><td>已提折旧</td><td>净值</td></tr>
<tr><td>磨床</td><td></td><td>台</td><td>1</td><td>10</td><td></td><td>60 000</td><td></td><td></td></tr>
<tr><td></td><td></td><td></td><td></td><td></td><td></td><td></td><td></td><td></td></tr>
<tr><td colspan="2">投出单位</td><td colspan="4" rowspan="2">（公章）</td><td colspan="2">投入单位</td><td rowspan="2">（公章）</td></tr>
<tr><td colspan="2">财务科长：
设备科长：</td><td colspan="2">财务科长：
设备科长：</td></tr>
</table>

经济业务（21-1）

山东省增值税专用发票

№.0063490

发票联

开票日期：2014 年 12 月 17 日

<table>
<tr><td>购货单位</td><td colspan="4">名　　称：飞翔股份有限公司
纳税人识别号：370900100121060
地 址、电 话：泰安市文化路 44 号
开户行及账号：工行泰安支行财院分理处 22126069260</td><td>密码区</td><td colspan="3"></td></tr>
<tr><td colspan="2">货物或应税劳务名称</td><td>规格型号</td><td>单位</td><td>数量</td><td>单价</td><td>金额</td><td>税率</td><td>税额</td></tr>
<tr><td colspan="2">1#材料</td><td></td><td>公斤</td><td>5 000</td><td>4.10</td><td>20 500.00</td><td>17%</td><td>3 485.00</td></tr>
<tr><td colspan="2">2#材料</td><td></td><td>公斤</td><td>20 000</td><td>3.00</td><td>60 000.00</td><td></td><td>10 200.00</td></tr>
<tr><td colspan="2">合　　计</td><td></td><td></td><td></td><td></td><td>¥80 500.00</td><td></td><td>¥13 685.00</td></tr>
<tr><td colspan="2">价税合计（大写）</td><td colspan="7">⊗ 佰 ⊗ 拾玖万肆仟壹佰捌拾伍元零角零分　　（小写）¥94 185.00</td></tr>
<tr><td>销货单位</td><td colspan="5">名　　称：聊城公司
纳税人识别号：371201021001505
地 址、电 话：聊城新华路 6874659
开户行及账号：工行城中办事处 47846057228</td><td>备注</td><td colspan="2"></td></tr>
</table>

第三联：发票联　购货方记账凭证

收款人：张平　　开票单位（未盖章无效）　　结算方式：转账

经济业务（21-2）

收 料 单

发票号码：0063490　　2014 年 12 月 17 日　　仓库：01

材料编号	名称	规格	计量单位	数量		实际成本				
				应收	实收	买价		运杂费	其他	合计
						单价	金额			
	1#材料		公斤	5 000	5 000	4.10	20 500.00			20 500.00
	2#材料		公斤	20 000	20 000	3.00	60 000.00			60 000.00

收款人：刘彬　　经手人：袁红

经济业务（22-1）

山东省增值税专用发票

№.0000068

发票联

开票日期：2014 年 12 月 18 日

购货单位	名　　称：郑州公司 纳税人识别号：876948645132555 地 址、电 话：郑州市东关街 3876452 开户行及账号：3674515638	密码区	

货物或应税劳务名称	规格型号	单位	数量	单价	金额	税率	税额
洗衣机 I		台	60	2 000	120 000.00	17%	20 400.00
洗衣机 II		台	50	3 000	150 000.00		25 500.00
合　计					¥270 000.00		¥45 900.00
价税合计（大写）	⊗ 佰叁拾壹万伍仟玖佰零拾零元零角零分				（小写）¥315 900.00		

销货单位	名　　称：飞翔股份有限公司 纳税人识别号：370900100121060 地 址、电 话：泰安市文化路 8332382 开户行及账号：22126069260	备注	

第三联：发票联　购货方记账凭证

收款人：李为　　开票单位（未盖章无效）　　结算方式：转账

经济业务（22-2）

委托银行收款凭证　　委托号码：000069

委托日期　2014年12月18日　　　　第　　号

<table>
<tr><td rowspan="3">付款人</td><td>全　称</td><td>郑州公司</td><td rowspan="3">收款人</td><td>全　称</td><td colspan="10">飞翔股份有限公司</td></tr>
<tr><td>账号或地址</td><td>3674515638</td><td>账号或地址</td><td colspan="10">22126069260</td></tr>
<tr><td>开户银行</td><td>工商银行郑州营业部</td><td>开户银行</td><td colspan="10">工行泰安支行财院分理处</td></tr>
<tr><td rowspan="2">委收金额</td><td colspan="4" rowspan="2">人民币（大写）叁拾壹万伍仟玖佰元整</td><td>千</td><td>百</td><td>十</td><td>万</td><td>千</td><td>百</td><td>十</td><td>元</td><td>角</td><td>分</td></tr>
<tr><td></td><td>¥</td><td>3</td><td>1</td><td>5</td><td>9</td><td>0</td><td>0</td><td>0</td><td>0</td></tr>
<tr><td>款项内容</td><td>销售产品货款</td><td>委托收款凭据名称</td><td colspan="2">发　票</td><td colspan="4">附寄单证张数</td><td colspan="6">2</td></tr>
<tr><td colspan="5">备注：</td><td colspan="4">款项收妥日期
年　月　日</td><td colspan="6">收款人开户银行盖章
月　日</td></tr>
</table>

单位主管　　　　会计　　　　复核　　　　记账

经济业务（22-3）

产成品（自制半成品）出库单

用途：　　　　年　　月　　日　　　　第　　号

产品名称	规格型号	计量单位	出库数量	单位成本	总成本	附注：

财务：　　　　销售经手人：　　　　仓库经手人：

经济业务（23）

设备报废申请单

<table>
<tr><td>设备名称</td><td>普通车床</td><td>设备型号</td><td>M180</td><td>设备编号</td><td>GJ032</td></tr>
<tr><td>生产厂商</td><td>上海嘉和设备厂</td><td>使用部门</td><td>机加车间</td><td>设备购价</td><td>76 000.00</td></tr>
<tr><td>出厂日期</td><td>2008 年 6 月</td><td>已用年限</td><td>6 年</td><td>估计残值</td><td>2 280.00</td></tr>
<tr><td rowspan="2">报废原因</td><td colspan="5">导轨损坏，加工的产品质量受到严重影响。</td></tr>
<tr><td colspan="2">鉴定人：王建</td><td colspan="3">报废日期：2014 年 12 月 20 日</td></tr>
<tr><td colspan="6">备注：1．行政部填写《设备报废申请表》，上报总经理批准并报废。
2．报废后的设备需在《设备一览表》中注销，其编号不得再重复使用。</td></tr>
</table>

申请人：　　　　行政部经理：　　　　总经理：

经济业务（24-1）

泰安市高新区物资回收公司

收购凭证

单位地址：城南路 9 号　　　　2014 年 12 月 20 日

<table>
<tr><td rowspan="2">收购货物名称</td><td rowspan="2">计量单位</td><td rowspan="2">数量</td><td rowspan="2">单价</td><td colspan="7">收购余额</td></tr>
<tr><td>万</td><td>千</td><td>百</td><td>十</td><td>元</td><td>角</td><td>分</td></tr>
<tr><td>废旧机床（钢铁）</td><td>千克</td><td>2 000.00</td><td>3.40</td><td></td><td>6</td><td>8</td><td>0</td><td>0</td><td>0</td><td>0</td></tr>
<tr><td></td><td></td><td></td><td></td><td></td><td></td><td></td><td></td><td></td><td></td><td></td></tr>
<tr><td></td><td></td><td></td><td></td><td></td><td></td><td></td><td></td><td></td><td></td><td></td></tr>
<tr><td>合计（大写）</td><td colspan="3">⊗万陆仟捌佰零拾零元零角零分</td><td>¥</td><td>6</td><td>8</td><td>0</td><td>0</td><td>0</td><td>0</td></tr>
</table>

企业（盖章有效）　　　　出纳　王鸣

经济业务（24-2）

中国工商银行 转账支票 No. 06380872

出票日期（大写）贰零壹肆年壹拾贰月贰拾日　付款行名称：工行高新区支行

收款人：飞翔股份有限公司　出票人账号：055267-89

本支票付款期限十天

人民币（大写）	百	十	万	千	百	十	元	角	分
陆仟捌佰元整			¥	6	8	0	0	0	0

用途

上列款项请从

我账户内支付

出票人签章　复核　记账

经济业务（24-3）

中国工商银行 进账单

年 月 日

收款人	全称		付款人	全称	
	账号			账号	
	开户银行			开户银行	

金额	人民币（大写）	亿	千	百	十	万	千	百	十	元	角	分

票据种类		票据张数		
票据张数				
复核　记账				开户银行盖章

经济业务（24-4）

此收据不得作为经营性业务收支结算凭证使用

收据

第二联

＿＿＿＿年＿＿＿月＿＿＿日　　　字　　　№ 016301

今收到＿＿＿＿＿＿＿＿＿＿＿＿＿＿＿＿

交　来＿＿＿＿＿＿＿＿＿＿＿＿＿＿＿＿

人民币（大写）＿＿＿＿＿＿＿＿＿＿＿＿＿

¥＿＿＿＿＿＿＿

收款单位

公　章＿＿＿＿＿＿＿

收款人		交款人	

记账凭证

经济业务（25）

中国工商银行电汇凭证

委托日期　2014年12月20日　　　　第　90　号

汇款人	全称	飞翔股份有限公司			收款人	全称	聊城公司											
	账号或地址	22126069260				账号或地址	47846057228											
	汇出地点	山东省泰安 市 县	汇出行名称	工行泰安财院分理处		汇入地点	山东省聊城 市 县	汇入行名称	中国工商银行聊城营业部									
金额	人民币（大写）玖万肆仟壹佰捌拾伍元整							千	百	十	万	千	百	十	元	角	分	
										¥	9	4	1	8	5	0	0	
汇款用途：采购材料								汇出行盖章 年 月 日										
上列款项已委托办理，如需查询，请持此回单来行面洽																		

单位主管　　　会计　　　出纳　　　记账

经济业务（26-1）

中国工商银行短期借款合同

立合同单位：中国工商银行泰安分行（以下简称贷款方）

飞翔股份有限公司（以下简称借款方）

为明确责任，恪守合同，特签订本合同，共同信守。

一、贷款种类：企业短期流动资金借款

二、借款金额：贰拾万元整

三、借款用途：购原材料

四、借款利息：月息千分之一，按季收息，利随本清。如遇国家调整利息率，按调整后的规定计算。

五、借款期限：借款时间自二０一四年十二月贰拾日至二０一五年三月贰拾日止。

六、还款来源：主营业务收入

七、还款方式：转账

八、保证条款：借款方请岱东公司作为借款人保证方，经贷款方审查，证实保证方具有担保资格和足够代偿借款的能力。保证方有权检查和督促借款方履行合同。当借款方不履行合同时，由保证方承担偿还借款本息的责任。必要时贷款方可以从保证方的存款户内扣收贷款本息。

九、违约责任：（略）

十、合同附件（略）

本合同正本一式三份，借款方、贷款方、保证方各执一份；合同副本×份，报送×有关各单位各留存一份。

贷款方：工行泰安分行（公章） 法人代表：宋明（盖章）

借款方：飞翔股份有限公司（公章） 法人代表：张勤（盖章）

借款方开户银行：工商银行财院分理处 账 户：22126069260

2014 年 12 月 20 日

经济业务（26-2）

工业企业借款借据（收账通知）

借款企业名称：飞翔股份有限公司 2014 年 12 月 20 日

<table>
<tr><td>贷款种类</td><td>短期流动资金借款</td><td colspan="3">贷款号</td><td colspan="3">136</td><td colspan="3">存款账号</td><td colspan="3">22126069260</td></tr>
<tr><td rowspan="2">借款金额</td><td rowspan="2" colspan="2">人民币（大写）贰拾万元整</td><td>亿</td><td>千</td><td>百</td><td>十</td><td>万</td><td>千</td><td>百</td><td>十</td><td>元</td><td>角</td><td>分</td></tr>
<tr><td></td><td></td><td>¥</td><td>2</td><td>0</td><td>0</td><td>0</td><td>0</td><td>0</td><td>0</td><td>0</td></tr>
<tr><td colspan="14">借款用途：购原材料</td></tr>
<tr><td colspan="14">约定还款期 期限 3 个月 于 2015 年 3 月 20 日到期</td></tr>
<tr><td colspan="4">上列贷款已批准发放，转入你单位存款户
此致
（银行签章）</td><td colspan="10">单位分录：
借：
贷：
主管 会计 复核 记账
年 月 日</td></tr>
</table>

经济业务（27）

办公用品领用表

2014 年 12 月 20 日

领用部门	领发数量					金额
	计算器	工作手册	墨水	稿纸		
机加车间		12	5	10		43.00
铸工车间		10	4	8		35.00
装配车间		10	4	8		35.00
机修车间		8	3	6		27.00
总经理办公室	3	20	10	25		360.00
合计	3	60	26	57		500.00

泰安市商业零售统一发票

客户名称：飞翔股份有限公司　　2012 年 12 月 20 日　　No.0582762

货号	品名及规格	单位	数量	单价	金额							
						万	千	百	十	元	角	分
	计算器	个	3	90.00	超十万元无效			2	7	0	0	0
	工作手册	本	60	1.50					9	0	0	0
	稿纸	本	57	2.00				1	1	4	0	0
	墨水	瓶	26	1.00					2	6	0	0
合计金额	（大写）伍佰元整											
					合计		¥	5	0	0	0	0
付款方式	现金			开户银行及账号								

收款企业（盖章有效）　　收款人：张力　　开票人：李红

经济业务（28-1）

中国工商银行　进账单

2014 年 12 月 21 日　　　　第　026　号

<table>
<tr><td colspan="3" rowspan="2">收款人全称</td><td colspan="9" rowspan="2">飞翔股份有限公司</td><td colspan="3">账号地址</td><td colspan="9">22126069260</td></tr>
<tr><td colspan="3">开户银行</td><td colspan="9">中国工商银行泰安市财院分理处</td></tr>
<tr><td colspan="3" rowspan="2">委收金额</td><td colspan="12" rowspan="2">人民币（大写）肆仟元整</td><td>百</td><td>十</td><td>万</td><td>千</td><td>百</td><td>十</td><td>元</td><td>角</td><td>分</td></tr>
<tr><td></td><td></td><td>¥</td><td>4</td><td>0</td><td>0</td><td>0</td><td>0</td><td>0</td></tr>
<tr><td rowspan="3">付款人</td><td>全称或账号</td><td>开户行</td><td>种类</td><td>十</td><td>万</td><td>千</td><td>百</td><td>十</td><td>元</td><td>角</td><td>分</td><td>全称或账号</td><td>开户行</td><td>票据种类</td><td></td><td></td><td></td><td></td><td></td><td></td><td></td><td></td><td></td></tr>
<tr><td>鲁中公司</td><td>工行</td><td>转支</td><td></td><td>¥</td><td>4</td><td>0</td><td>0</td><td>0</td><td>0</td><td>0</td><td colspan="12" rowspan="2"></td></tr>
<tr><td></td><td></td><td></td><td></td><td></td><td></td><td></td><td></td><td></td><td></td><td></td></tr>
</table>

单位主管　　　　会计　　　　复核　　　　记账

经济业务（28-2）

飞翔股份有限公司收款收据

2014 年 12 月 21 日　　　　No166

<table>
<tr><td rowspan="2">交款单位</td><td rowspan="2">鲁中公司</td><td rowspan="2">交款人签章</td><td rowspan="2">李兴</td><td colspan="8">金　额</td></tr>
<tr><td>十</td><td>万</td><td>千</td><td>百</td><td>十</td><td>元</td><td>角</td><td>分</td></tr>
<tr><td>金额（大写）</td><td colspan="3">肆仟元整</td><td></td><td>¥</td><td>4</td><td>0</td><td>0</td><td>0</td><td>0</td><td>0</td></tr>
<tr><td>事由</td><td colspan="3">投资收益</td><td colspan="8"></td></tr>
</table>

经济业务（29）

盘点盈亏报告表

单位名称：飞翔股份有限公司　　2014 年 12 月 21 日　　单位：元

编号	类别名称	计量单位	单价	实存		账存		盘盈				盘亏			
				数量	金额	数量	金额	数量	原值	折旧	净值	数量	原值	折旧	净值
9	设备	台	25 000	5	125 000	6	150 000					1	25 000	5 000	20 000

会计主管：　　盘点负责人：　　实物负责人：　　制表：

经济业务（30-1）

山东省行政事业性收费票据

交费单位或个人姓名　飞翔股份有限公司　　2014 年 12 月 22 日　　第Ⅱ　　№166

收费项目	计量单位	数量	单价	金额								
				百	十	万	千	百	十	元	角	分
广告费	次					¥	5	0	0	0	0	0
合计金额（大写）	伍千元整 ¥5 000.00											

收费单位（印）　　收款人（章）

经济业务（30-2）

中国工商银行

转账支票存根

№003490

科　　目

对方科目

签发日期 2014 年 12 月 22 日

收款人：泰山广告公司
金　额：￥ 5 000.00
用　途：支付广告费

单位主管　会计　复核　记账

经济业务（31-1）

中国工商银行

转账支票存根

№0034908

科　　目

对方科目

签发日期 2014 年 12 月 22 日

收款人：中保泰山分公司
金　额：￥ 4 800.00
用　途：支付财产保险费

单位主管　会计　复核　记账

经济业务（31-2）

财保泰山分公司收款收据

2014 年 12 月 22 日 №166

<table>
<tr><td rowspan="2">交款单位</td><td rowspan="2">飞翔股份有限公司</td><td rowspan="2">交款人签章</td><td rowspan="2">赵明</td><td colspan="9">金 额</td></tr>
<tr><td>百</td><td>十</td><td>万</td><td>千</td><td>百</td><td>十</td><td>元</td><td>角</td><td>分</td></tr>
<tr><td>金额（大写）</td><td colspan="3">肆仟捌佰元整</td><td></td><td></td><td>¥</td><td>4</td><td>8</td><td>0</td><td>0</td><td>0</td><td>0</td></tr>
<tr><td>事由</td><td colspan="3">财产保险费</td><td colspan="9"></td></tr>
</table>

经济业务（32-1）

山东省增值税专用发票

№0063594

发票联

开票日期：2014 年 12 月 23 日

<table>
<tr><td>购货单位</td><td colspan="4">名　　称：北京博大贸易进出口公司
纳税人识别号：
地 址、电 话：北京市花园路 12 号 62368756
开户行及账号：工行南太平庄分理处 066256-28</td><td>密码区</td><td colspan="3"></td></tr>
<tr><td>货物或应税劳务名称</td><td>规格型号</td><td>单位</td><td>数量</td><td>单价</td><td>金额</td><td>税率</td><td>税额</td></tr>
<tr><td>合　　计</td><td></td><td></td><td></td><td></td><td></td><td></td><td></td></tr>
<tr><td>价税合计（大写）</td><td colspan="7">（小写）¥________</td></tr>
<tr><td>销货单位</td><td colspan="4">名　　称：飞翔股份有限公司
纳税人识别号：370900100120060
地 址、电 话：泰安文化路 44 号 8332382
开户行及账号：工行泰安支行财院分理处</td><td>备注</td><td colspan="3"></td></tr>
</table>

收款人：　　开票单位（未盖章无效）　　结算方式：转账

第三联：发票联　购货方记账凭证

经济业务（32-2）

邮 中国工商银行托收承付凭证（回 单） 1

第　　号
托收号码：

委托日期：　　年　　月　　日

<table>
<tr><td rowspan="3">付款人</td><td>全　称</td><td></td><td rowspan="3">收款人</td><td>全　称</td><td colspan="3"></td></tr>
<tr><td>账号或地址</td><td></td><td>账　号</td><td colspan="3"></td></tr>
<tr><td>开户银行</td><td></td><td>开户银行</td><td></td><td>行号</td><td></td></tr>
<tr><td>托收金额</td><td colspan="4">人民币（大写）：</td><td colspan="3">千 百 十 万 千 百 十 元 角 分</td></tr>
<tr><td colspan="2">附　件</td><td colspan="3">商品发运情况</td><td colspan="3">合同名称号码</td></tr>
<tr><td>附寄单证张数或册数</td><td></td><td colspan="3"></td><td colspan="3"></td></tr>
<tr><td colspan="2">备　注：</td><td colspan="3">款项收妥日期
20　　年　　月　　日</td><td colspan="3">（收款人开户银行盖章）　　月　日</td></tr>
</table>

单位主管　　会计　　复核　　记账

经济业务（32-3）

产成品（自制半成品）出库单

用途：　　年　　月　　日　　第　　号

产品名称	规格型号	计量单位	出库数量	单位成本	总成本	附注：

财务：　　销售经手人：　　仓库经手人：

经济业务（33-1）

中国工商银行

转账支票存根

№0034909

科　　目

对方科目

签发日期 2014 年 12 月 23 日

收款人：东岳科研所
金　额：￥ 200 000.00
用　途：

单位主管　会计　复核　记账

经济业务（33-2）

山东省行政事业性收费票据

交费单位或个人姓名：飞翔股份有限公司　　2014 年 12 月 23 日　　第 II　№.06568

收费项目	计量单位	数量	单价	金额								
				百	十	万	千	百	十	元	角	分
技术转让费	项			￥	2	0	0	0	0	0	0	0
合计金额（大写）	贰拾万元整　　￥ 200 000.00											

收费单位（印）　　收款人（章）李强

经济业务（34-1）

固定资产交接单

2014 年 12 月 24 日

编号	名称	规格	型号	计量单位	数量	实际价格	增值税	取货方式	技术资料
	机床			台	1	20 000.00	3 400.00	购买	
购建单位	土建工程费	设备款	运杂费	安装费	合计	折旧年限		预计残值	预计清理费
		20 000.00			20 000.00	10		1 200.00	1 000.00
管理部门签章			保管部门签章			财会部门签章			

经济业务（34-2）

山东省增值税专用发票

№.0000000101

发票联

开票日期：2014 年 12 月 24 日

购货单位	名　　称：飞翔股份有限公司 纳税人识别号：370900100121060 地 址、电 话：泰安市文化路 44 号 8332382 开户行及账号：工行泰安支行财院分理处 22126069260				密码区		
货物或应税劳务名称	规格型号	单位	数量	单价	金额	税率	税额
机床		台	1	20 000	20 000.00	17%	3 400.00
合　计					¥20 000.00		¥3 400.00
价税合计（大写）	⊗ 佰 ⊗ 拾贰万叁仟肆佰零拾零元零角零分					（小写）	¥23 400.00
销货单位	名　　称：鲁南机械厂 纳税人识别号：37040002000234050 地 址、电 话：枣庄市周庄路 6874669 开户行及账号：工行市中区办事处 33146053600				备注		

第三联：发票联 购货方记账凭证

收款人：周帆　　开票单位（未盖章无效）　　结算方式：转账

经济业务（34-3）

中国工商银行电汇凭证

委托日期：2014 年 12 月 24 日　　第 87 号

<table>
<tr><td rowspan="3">汇款人</td><td>全称</td><td colspan="3">飞翔股份有限公司</td><td rowspan="3">收款人</td><td>全称</td><td colspan="3">鲁南机械厂</td></tr>
<tr><td>账号或地址</td><td colspan="3">工行泰安支行财院分理处 22126069260</td><td>账号或地址</td><td colspan="3">山东枣庄周庄路 47846057228</td></tr>
<tr><td>汇出地点</td><td>山东省泰安市县</td><td>汇出行名称</td><td>工行泰安支行财院分理处</td><td>汇出地点</td><td>山东省枣庄市</td><td>汇入行名称</td><td>工行枣庄市中营业部</td></tr>
<tr><td>金额</td><td colspan="5">人民币（大写）贰万叁仟肆佰元整</td><td colspan="4">千 | 百 | 十 | 万 | 千 | 百 | 十 | 元 | 角 | 分
 | | ¥ | 2 | 3 | 4 | 0 | 0 | 0 | 0</td></tr>
<tr><td colspan="6">汇款用途：购买机床</td><td colspan="4">汇出行盖章
年　月　日</td></tr>
</table>

经济业务（35）

中国工商银行泰安支行计付利息清单

账号：22126069260　　2014 年 12 月 24 日

单位名称	飞翔股份有限公司	结算户	
计息起讫日期	20140923-20141222		
存款户账号	计息总积数	利率	利息金额
22126069260	30584527.22	1.745	1482.50

你单位上述存款利息已收入你单位账户

此致

存款单位（银行盖章）　　复核　　记账

经济业务（36）

中国工商银行赔偿金收入特种转账传票

委托日期 2014 年 12 月 25 日 第 号

收款人	全 称	南京公司	付款人	全 称	飞翔股份有限公司
	账号或地址	221138275101		账号或地址	22126069260
	开户银行	工行中山路办事处		开户银行	工行泰安支行财院分理处

委收金额	千	百	十	万	千	百	十	元	角	分
人民币（大写）壹仟元整				¥	1	0	0	0	0	0

原凭证张数		赔偿金	1 000.00	科 目（）＿＿＿＿
原凭证名称		号码	000306	对方科目（）＿＿＿＿
备注：	合同违约赔偿金 银行盖章			复核 记账 制票

单位主管 会计 复核 记账

经济业务（37）

飞翔股份有限公司收款收据

2014 年 12 月 25 日 №188

交款单位	泰山中兴公司	交款人签章	周朋	金额								
				百	十	万	千	百	十	元	角	分
金额（大写）	壹仟元整					¥	1	0	0	0	0	0
事由	罚款					现金						

经济业务（38）

固定资产转移单

投出单位：华尔公司　　投入单位：飞翔股份有限公司　　2014 年 12 月 26 日　　转移单号：008

名称	规格及型号	单位	数量	预计使用年限	已使用年限	原值	已提折旧	净值
磨床		台	1	10		18 0000		
调出单位	（公章）					调入单位		（公章）
财务科长：王常 设备科长：张亮						财务科长：徐波 设备科长：吴昊		

经济业务（39）

飞翔股份有限公司文件　　泰字第 6 号

关于用资本公积转增资本的决议

为扩大本企业资本规模，增加企业实力，经公司股东大会研究决定，用资本公积 30 000.00 元，转增资本。

董事长：刘方文

飞翔股份有限公司董事会（公章）

二〇一四年十二月二十六日

泰安市工商局文件　　泰工字第 078 号

关于飞翔公司资本公积转增资本的批复

飞翔公司用资本公积 30 000.00 元，转增实收资本，符合资本公积转增资本的有关规定，同意按法定程序办理转增手续。

特此批复

泰安市工商局

二〇一四年十二月二十六日

经济业务（40-1）

泰安市民政局收款收据

2014 年 12 月 27 日　　　　№000898

交款单位	飞翔股份有限公司	交款人签章	赵明	金额								
				百	十	万	千	百	十	元	角	分
金额（大写）	贰仟元整					¥	2	0	0	0	0	0
事由	抗洪救灾											

经济业务（40-2）

中国工商银行

转账支票存根

VI II 02973867

科　　目 银行存款

对方科目 营业外支出

出票日期 2014 年 12 月 27 日

收款人：泰安市民政局
金　额：¥2 000.00
用　途：抗洪救灾

单位主管　　　　会计

经济业务（41）

固定资产折旧计算汇总表

使用车间或部门	固定资产类别	月初应计提折旧的固定资产原价（元）	本月计提折旧额（元）
铸工车间	房屋及建筑物	7 257 930.00	1 960.00
	机器设备	2 301 240.00	18 640.00
	小　计	3 027 170.00	20 600.00
机加车间	房屋及建筑物	948 150.00	2 560.00
	机器设备	5 486 420.00	44 440.00
	小　计	6 434 570.00	47 000.00
装配车间	房屋及建筑物	746 670.00	2 016.00
	机器设备	6 281 980.00	50 884.00
	小　计	7 028 650.00	52 900.00
机修车间	房屋及建筑物	1 100 000.00	2 970.00
	机器设备	2 053 090.00	16 630.00
	小　计	3 153 090.00	19 600.00
管理部门	房屋及建筑物	7 326 507.00	19 781.00
	管理设备	1 334 293.00	21 615.00
	运输工具	1 000 720.00	16 211.00
	小　计	9 661 520.00	57 607.00
合　计		29 305 000.00	197 707.00

经济业务（42-1）

电费分配表

产品、部门、项目	产量（　）	单位定额（　）	定额耗用量（　）	分配率	应分配费用额
机加车间一般耗用					5 000.00
铸工车间一般耗用					4 000.00
机修车间一般耗用					3 300.00
装配车间一般耗用					3 000.00
企业管理部门					4 700.00
合　计					20 000.00

经济业务（42-2）

中国工商银行特种转账贷方发票

委托日期 2014 年 12 月 29 日　　第　号

付款人	全称	飞翔股份有限公司	收款人	全称	泰安电业局
	账号或地址	22126069260		账号或地址	泰安市灵山大街 56 号　2212005247
	开户银行	工行泰安支行财院分理处		开户银行	工行郑州郑新办事处

委收金额	千	百	十	万	千	百	十	元	角	分
人民币（大写）贰万元整			¥	2	0	0	0	0	0	0

款项内容	电费	委托收款凭据名称	专用发票	附寄单证张数	1
备注：				款项收妥日期 年　月　日	收款人开户银行盖章 年　月　日

单位主管　　会计　　复核　　记账

经济业务（43-1）

托收凭证（付账通知）　5

委托日期：　2014 年 12 月 30 日

付款人	全称	飞翔股份有限公司			收款人	全称	泰安华润自来水公司		
	账号	22126069260				账号	11011400567		
	地址	山东省泰安市县	开户行	工行泰安支行财院分理处		地址	山东省泰安市县	开户行	

金额	亿	千	百	十	万	千	百	十	元	角	分
人民币玖仟叁佰壹拾壹元贰角整（大写）					¥	9	3	1	1	2	0

款项内容	水费	托收凭据名称	增值税专用发票	附寄单证张数	2 张
商品发运情况				合同名称号码	
备注： 复核　记账		款项收妥日期： 2014 年 12 月 30 日		收款人开户银行签章 2014 年 12 月　30　日	

经济业务（43-2）

山东省增值税专用发票

No000000121

发票联

校验码：　　　　　　　　　　　　　　　　开票日期：2014 年 12 月 30 日

购货单位	名　　称：飞翔股份有限公司 纳税人识别号：370900100121060 地 址、电 话：山东省泰安市文化路 44 号 0538- 8332382 开户行及账号：工行泰安支行财院分理处 22126069260	密码区					
货物或应税劳务名称	规格型号	单位	数量	单价	金额	税率	税额
水费		吨	3 296	2.50	8 240.00	13%	1 071.20
合　计					¥8 240.00		¥1 071.20
价税合计（大写）	⊗ 玖仟叁佰壹拾壹元贰角零分				（小写）¥9 311.20		
销货单位	名　　称：泰安华润自来水公司 纳税人识别号：11011400567 地 址、电 话：泰安市安华路 18 号 开户行及账号：工行安华支行	备注					

收款人：　　　　复核：　　　　开票人：　　　　销货单位：

第三联：发票联　购货方记账凭证

经济业务（44）

机加车间制造费用分配表

年　月

项　目	生产工时	制造费用	
		分 配 率	金　额
合　计			

装配车间制造费用分配表

年　月

项　目	生产工时	制造费用	
		分 配 率	金　额
合　计			

七、本章附录

附录 4-1

资产负债表

____年____月____日

编制单位： 单位：人民币元

资　　产	期末余额	年初余额	负债和股东权益	期末余额	年初余额
流动资产：			流动负债：		
货币资金			短期借款		
交易性金融资产			交易性金融负债		
应收票据			应付票据		
应收账款			应付账款		
预付款项			预收款项		
应收利息			应付职工薪酬		
应收股利			应交税费		
其他应收款			应付利息		
存货			应付股利		
一年内到期的非流动资产			其他应付款		
其他流动资产			一年内到期的非流动负债		
流动资产合计			其他流动负债		
非流动资产：			流动负债合计		
可供出售金融资产			非流动负债：		
持有至到期投资			长期借款		
长期应收款			应付债券		
长期股权投资			长期应付款		
投资性房地产			专项应付款		
固定资产			预计负债		
在建工程			递延所得税负债		
工程物资			其他非流动负债		
固定资产清理			非流动负债合计		
生产性生物资产			负债合计		
油气资产			股东权益：		
无形资产			股本		
开发支出			资本公积		
商誉			减：库存股		
长期待摊费用			盈余公积		
递延所得税资产			未分配利润		
其他非流动资产			股东权益合计		
非流动资产合计					
资产总计			负债和股东权益总计		

附录 4-2

利　润　表

______年

编制单位：　　　　　　　　　　　　　　　　　　　　　　　　　　单位：人民币元

项目/年度	本期金额	上期金额
一、营业收入		
减：营业成本		
营业税金及附加		
销售费用		
管理费用		
财务费用		
资产减值损失		
加：公允价值变动收益		
投资收益		
其中：对联营企业和合营企业的投资收益		
二、营业利润		
加：营业外收入		
减：营业外支出		
其中：非流动资产处置损失		
三、利润总额		
减：所得税费用		
四、净利润		
五、每股收益		
（一）基本每股收益		
（二）稀释每股收益		

附录 4-3

所有者权益变动表

________年

项目	本年金额					
	股本	资本公积	减：库存股	盈余公积	未分配利润	所有者权益合计
一、上年年末余额						
加：会计政策变更						
前期差错更正						
二、本年年初余额						
三、本年增减变动金额（减少以“-”号填列）						
（一）净利润						
（二）直接计入所有者权益的利得和损失						
上述（一）和（二）小计						
（三）所有者投入和减少资本						
1．所有者投入资本						
2．股份支付计入所有者权益的金额						
3．其他						
（四）利润分配						
1．提取盈余公积						
2．对所有者（或股东）的分配						
3．其他						
（五）所有者权益内部结转						
1．资本公积转增资本（或股本）						
2．盈余公积转增资本（或股本）						
3．盈余公积弥补亏损						
4．其他						
四、本年年末余额						

附录 4-4

现金流量表

________年

编制单位： 单位：人民币元

项　　目	本期金额	上期金额
一、经营活动产生的现金流量：		
销售商品、提供劳务收到的现金		
收到的税费返还		
收到的其他与经营活动有关的现金		
经营活动现金流入小计		
购买商品、接受劳务支付的现金		
支付给职工以及为职工支付的现金		
支付的各项税费		
支付其他与经营活动有关的现金		
经营活动现金流出小计		
经曹活动产生的现金淹量净额		
二、投资活动产生的现金流量：		
收回投资收到的现金		
取得投资收益收到的现金		
处置固定资产、无形资产和其他长期资产收回的现金净额		
处置子公司及其他营业单他收到的现金净额		
收到其他与投资活动有关的现金		
投资活动现金诫入小计		
购建固定资产、无形资产和其他长期资产支付的现金		
投资支付的现金		
取得子公司及其他营业单位支付的现金净额		
支付的其他与投资活动有关的现金		
投资活动现金流出小计		
投资活动产生的现金流量净额		
三、筹资活动产生的现金流量：		
吸收投资收到的现金		
取得借款收到的现金		
收到的其他与筹资活动有关的现金		
筹资活动现金琉入小计		
偿还债务支付的现金		
分配股利、利润或偿付利息支付的现金		
支付的其他与筹资活动有关的现金		
筹资活动现金流出小计		
筹资活动产生的现金流量净额		

续表

项　　目	本期金额	上期金额
四、汇率变动对现金及现金等价物的影响		
五、现金及现金等价物净增加额		
加：期初现金及现金等价物余额		
六、期末现金及现金等价物余颊		
补 充 资 料	本期金额	上期金额
1．将净利润调节为经营活动现金流量：		
净利润		
加：资产减值准备		
固定资产折旧、油气资产折耗、生产性生物资产折旧		
无形资产摊销		
长期待摊费用摊销		
处置固定资产、无形资产和其他长期资产的损失（减：收益）		
固定资产报废损失		
公允价值变动损失（减：收益）		
财务费用		
投资损失（减：收益）		
递延所得税资产减少（减；增加）		
递延所得税负债增加（减：减少）		
存货的减少（减：增加）		
经营性应收项目的减少（减：增加）		
经营性应付项目的增加（殖：减少）		
其他		
经营活动产生的现金流量净额		
2．不涉及现金收支的投资和筹资活动：		
债务转为资本		
一年内到期的可转换公司债券		
融资租人固定资产		
3．现金及现金等价物净增加情况：		
现金的期末金额		
减：现金的期初余额		
加：现金等价物的期末余额		
减：现金等价物的期初余额		
现金及现金等价物净增加额		

附录 4-5

增值税纳税申报表

（适用于增值税一般纳税人）

根据《中华人民共和国增值税暂行条例》第二十二条和第二十三条的规定制定本表。纳税人不论有无销售额，均应按主管税务机关核定的纳税期限按期填报本表，并于次月一日起十五日内，向当地税务机关申报。

税款所属时间：自　　年　　月　　日至　　年　　月　　日

填表日期：　　年　　月　　日　　　　金额单位：元至角分

纳税人识别号				所属行业			
纳税人名称	（公章）	法定代表人姓名		注册地址		营业地址	
开户银行及账号		企业登记注册类型				电话号码	

	项　目	栏　次	一般货物及劳务		即征即退货物及劳务	
			本月数	本年累计	本月数	本年累计
销售额	（一）按适用税率征税货物及劳务销售额	1				
	其中：应税货物销售额	2				
	应税劳务销售额	3				
	纳税检查调整的销售额	4				
	（二）按简易征收办法征税货物销售额	5				
	其中：纳税检查调整的销售额	6				
	（三）免、抵、退办法出口货物销售额	7				
	（四）免税货物及劳务销售额	8				
	其中：免税货物销售额	9				
	免税劳务销售额	10				
计款	销项税额	11				
	进项税额	12				
	上期留抵税额	13				
	进项税额转出	14				
	免抵退货物应退税额	15				
	按适用税率计算的纳税检查应补缴税额	16				
	应抵扣税额合计	17=12+13-14-15+16				
	实际抵扣税额	18（如 17<11，则为 17，否则为 11）				

续表

项目		栏次	一般货物及劳务		即征即退货物及劳务	
			本月数	本年累计	本月数	本年累计
计款	应纳税额	19＝11-18				
	期末留抵税额	20=17-18				
	简易征收办法计算的应纳税额	21				
	按简易征收办法计算的纳税检查应补缴税额	22				
	应纳税额减征额	23				
	应纳税额合计	24=19+21-23				
	期初未缴税额（多缴为负数）	25				
税款缴纳	实收出口开具专用缴款书退税额	26				
	本期已缴税额	27=28+29+30+31				
	①分次预缴税额	28				
	②出口开具专用缴款书预缴税额	29				
	③本期缴纳上期应纳税额	30				
	④本期缴纳欠缴税额	31				
	期末未缴税额（多缴为负数）	32=24+25+26-27				
	其中：欠缴税额（≥0）	33=25+26-27				
	本期应补（退）税额	34＝24-28-29				
	即征即退实际退税额	35				
	期初未缴查补税额	36				
	本期入库查补税额	37				
	期末未缴查补税额	38=16+22+36-37				

授权声明	申报人声明
如果你已委托代理人申报，请填写下列资料： 为代理一切税务事宜，现授权 （地址） 为本纳税人的代理申报人，任何与本申报表有关的往来文件，都可寄予此人。 授权人签字：	此纳税申报表是根据（中华人民共和国增值税暂行条例）的规定填报的，我相信它是真实的、可靠的、完整的。 声明人签字：

以下由税务机关填写：

收到日期：　　　　接收人：　　　　主管税务机关盖章：

附录 4-6

增值税纳税申报表附列资料（表一）

（本期销售情况明细）

税款所属时间：　　年　　月

纳税人名称：（公章）　　　　填表日期：　　年　　月　　日　　　　金额单位：元至角分

一、按适用税率征收增值税货物及劳务的销售额和销项税额明细													
项　目	栏　次	应税货物						应税劳务			小　计		
		17%税率			13%税率								
		份数	销售额	销项税额	份数	销售额	销项税额	份数	销售额	销项税额	份数	销售额	销项税额
防伪税控系统开具的增值税专用发票	1												
非防伪税控系统开具的增值税专用发票	2												
开具普通发票	3												
未开具发票	4												
小　计	5=1+2+3+4												
纳税检查调整	6												
合　计	7=5+6												

二、简易征收办法征收增值税货物的销售额和应纳税额明细										
项　目	栏　次	6%征收率			4%征收率			小　计		
		份数	销售额	应纳税额	份数	销售额	应纳税额	份数	销售额	应纳税额
防伪税控系统开具的增值税专用发票	8									
非防伪税控系统开具的增值税专用发票	9									
开具普通发票	10									
未开具发票	11									
小　计	12=8+9+10+11									
纳税检查调整	13									
合　计	14=12+13									

三、免征增值税货物及劳务销售额明细										
项　目	栏　次	免税货物			免税劳务			小　计		
		份数	销售额	税额	份数	销售额	税额	份数	销售额	税额
防伪税控系统开具的增值税专用发票	15									
开具普通发票	16									
未开具发票	17									
合　计	18=15+16+17									

附录 4-7

增值税纳税申报表附列资料（表二）

（本期进项税额明细）

税款所属时间： 年 月

纳税人名称：（公章） 填表日期： 年 月 日 金额单位：元至角分

一、申报抵扣的进项税额				
项　目	栏次	份数	金额	税额
（一）认证相符的防伪税控增值税专用发票	1			
其中：本期认证相符且本期申报抵扣	2			
前期认证相符且本期申报抵扣	3			
（二）非防伪税控增值税专用发票及其他扣税凭证	4			
其中：海关进口增值税专用缴款书	5			
农产品收购发票或者销售发票	6			
废旧物资发票	7			
运输费用结算单据	8			
6%征收率	9			
4%征收率	10			
（三）外贸企业进项税额抵扣证明	11			
当期申报抵扣进项税额合计	12			

二、进项税额转出额		
项　目	栏次	税额
本期进项税转出额	13	
其中：免税货物用	14	
非应税项目用、集体福利、个人消费	15	
非正常损失	16	
按简易征收办法征税货物用	17	
免抵退税办法出口货物不得抵扣进项税额	18	
纳税检查调减进项税额	19	
未经认证已抵扣的进项税额	20	
红字专用发票通知单注明的进项税额	21	

三、待抵扣进项税额				
项　目	栏次	份数	金额	税额
（一）认证相符的防伪税控增值税专用发票	22			
期初已认证相符但未申报抵扣	23			
本期认证相符且本期未申报抵扣	24			
期末已认证相符但未申报抵扣	25			

续表

三、待抵扣进项税额				
项　　目	栏次	份数	金额	税额
其中：按照税法规定不允许抵扣	26			
（二）非防伪税控增值税专用发票及其他扣税凭证	27			
其中：海关进口增值税专用缴款书	28			
农产品收购发票或者销售发票	29			
废旧物资发票	30			
运输费用结算单据	31			
6%征收率	32			
4%征收率	33			
	34			
四、其　　他				
项　　目	栏次	份数	金额	税额
本期认证相符的全部防伪税控增值税专用发票	35			
期初已征税款挂账额	36			
期初已征税款余额	37			
代扣代缴税额	38			

注：第 1 栏＝第 2 栏+第 3 栏＝第 23 栏+第 35 栏−第 25 栏；第 2 栏＝第 35 栏−第 24 栏；第 3 栏＝第 23 栏+第 24 栏−第 25 栏；第 4 栏等于第 5 栏至第 10 栏之和；

第 12 栏＝第 1 栏+第 4 栏+第 11 栏；第 13 栏等于第 14 栏至第 21 栏之和；第 27 栏等于第 28 栏至第 34 栏之和。

附录 4-8

固定资产进项税额抵扣情况表

纳税人识别号：　　　　　　　　　　纳税人名称（公章）：

填表日期：　　年　　月　　日　　　　　　　　　　　　　　金额单位：元至角分

项目	当期申报抵扣的固定资产进项税额	当期申报抵扣的固定资产进项税额累计
增值税专用发票		
海关进口增值税专用缴款书		
合　　计		

注：本表一式二份，一份纳税人留存，一份主管税务机关留存。

附录 4-9

电子缴库专用缴款书

□ 已申报　申报序号：　　　　　　　　　　　　　　□未申报

纳税人计算机代码		验收机关代码	21100000000
纳税人名称		征收机关名称	
付款人名称		收款国库名称	
付款人开户银行名称		国库清算行号	011100000003
付款人账号			

纳税项目代码	课　税　数　量	计　税　金　额	实　缴　税　额
金额合计（大写）：		金额合计（小写）：	
付款人　盖章 经办人（章）		银行 记账员　盖章	备　注

注：关于使用说明及注意事项请参阅P.114（附表2-9）的使用说明及注意事项。

附录 4-10

中华人民共和国企业所得税月（季）度预缴纳税申报表（A 类）

税款所属期间： 年 月 日至 年 月 日

纳税人识别号：□□□□□□□□□□□□□□□□

纳税人名称： 金额单位： 人民币元（列至角分）

<table>
<tr><th>行次</th><th colspan="2">项 目</th><th>本期金额</th><th>累计金额</th></tr>
<tr><td>1</td><td colspan="4">一、按照实际利润额预缴</td></tr>
<tr><td>2</td><td colspan="2">营业收入</td><td></td><td></td></tr>
<tr><td>3</td><td colspan="2">营业成本</td><td></td><td></td></tr>
<tr><td>4</td><td colspan="2">利润总额</td><td></td><td></td></tr>
<tr><td>5</td><td colspan="2">加：特定业务计算的应纳税所得额</td><td></td><td></td></tr>
<tr><td>6</td><td colspan="2">减：不征税收入</td><td></td><td></td></tr>
<tr><td>7</td><td colspan="2">免税收入</td><td></td><td></td></tr>
<tr><td>8</td><td colspan="2">减征、免征应纳税所得额</td><td></td><td></td></tr>
<tr><td>9</td><td colspan="2">弥补以前年度亏损</td><td></td><td></td></tr>
<tr><td>10</td><td colspan="2">实际利润额（4 行+5 行−6 行−7 行−8 行−9 行）</td><td></td><td></td></tr>
<tr><td>11</td><td colspan="2">税率（25%）</td><td></td><td></td></tr>
<tr><td>12</td><td colspan="2">应纳所得税额</td><td></td><td></td></tr>
<tr><td>13</td><td colspan="2">减：减免所得税额</td><td></td><td></td></tr>
<tr><td>14</td><td colspan="2">其中：符合条件的小型微利企业减免所得税额</td><td></td><td></td></tr>
<tr><td>15</td><td colspan="2">减：实际已预缴所得税额</td><td>——</td><td></td></tr>
<tr><td>16</td><td colspan="2">减：特定业务预缴（征）所得税额</td><td></td><td></td></tr>
<tr><td>17</td><td colspan="2">应补（退）所得税额（12 行−13 行−15 行−16 行）</td><td>——</td><td></td></tr>
<tr><td>18</td><td colspan="2">减：以前年度多缴在本期抵缴所得税额</td><td></td><td></td></tr>
<tr><td>19</td><td colspan="2">本月（季）实际应补（退）所得税额</td><td>——</td><td></td></tr>
<tr><td>20</td><td colspan="4">二、按照上一纳税年度应纳税所得额平均额预缴</td></tr>
<tr><td>21</td><td colspan="2">上一纳税年度应纳税所得额</td><td>——</td><td></td></tr>
<tr><td>22</td><td colspan="2">本月（季）应纳税所得额（21 行×1/4 或 1/12）</td><td></td><td></td></tr>
<tr><td>23</td><td colspan="2">税率（25%）</td><td></td><td></td></tr>
<tr><td>24</td><td colspan="2">本月（季）应纳所得税额（22 行×23 行）</td><td></td><td></td></tr>
<tr><td>25</td><td colspan="2">减：符合条件的小型微利企业减免所得税额</td><td></td><td></td></tr>
<tr><td>26</td><td colspan="2">本月（季）实际应纳所得税额（24 行−25 行）</td><td></td><td></td></tr>
<tr><td>27</td><td colspan="4">三、按照税务机关确定的其他方法预缴</td></tr>
<tr><td>28</td><td colspan="2">本月（季）税务机关确定的预缴所得税额</td><td></td><td></td></tr>
<tr><td>29</td><td colspan="4">总分机构纳税人</td></tr>
<tr><td>30</td><td rowspan="4">总机构</td><td>总机构分摊所得税额
（19 行或 26 行或 28 行×总机构分摊预缴比例）</td><td></td><td></td></tr>
<tr><td>31</td><td>财政集中分配所得税额</td><td></td><td></td></tr>
<tr><td>32</td><td>分支机构分摊所得税额
（19 行或 26 行或 28 行×分支机构分摊比例）</td><td></td><td></td></tr>
<tr><td>33</td><td>其中：总机构独立生产经营部门应分摊所得税额</td><td></td><td></td></tr>
<tr><td>34</td><td rowspan="2">分支机构</td><td>分配比例</td><td></td><td></td></tr>
<tr><td>35</td><td>分配所得税额</td><td></td><td></td></tr>
</table>

续表

<table>
<tr><td colspan="3">谨声明：此纳税申报表是根据《中华人民共和国企业所得税法》、《中华人民共和国企业所得税法实施条例》和国家有关税收规定填报的，是真实的、可靠的、完整的。
法定代表人（签字）：　　　　　年　月　日</td></tr>
<tr><td>纳税人公章：
会计主管：
填表日期：　　年　月　日</td><td>代理申报中介机构公章：
经办人：
经办人执业证件号码：
代理申报日期：　　年　月　日</td><td>主管税务机关受理专用章：
受理人：
受理日期：年　月　日</td></tr>
</table>

国家税务总局监制

附录 4-11

中华人民共和国企业所得税年度纳税申报表（A类）

税款所属期间：　　年　　月　　日至　　年　　月　　日

纳税人名称：

纳税人识别号：□□□□□□□□□□□□□□□□□□　　　　金额单位：元（列至角分）

<table>
<tr><th>类别</th><th>行次</th><th>项目</th><th>金额</th></tr>
<tr><td rowspan="13">利润总额计算</td><td>1</td><td>一、营业收入</td><td></td></tr>
<tr><td>2</td><td>减：营业成本</td><td></td></tr>
<tr><td>3</td><td>营业税金及附加</td><td></td></tr>
<tr><td>4</td><td>销售费用</td><td></td></tr>
<tr><td>5</td><td>管理费用</td><td></td></tr>
<tr><td>6</td><td>财务费用</td><td></td></tr>
<tr><td>7</td><td>资产减值损失</td><td></td></tr>
<tr><td>8</td><td>加：公允价值变动收益</td><td></td></tr>
<tr><td>9</td><td>投资收益</td><td></td></tr>
<tr><td>10</td><td>二、营业利润</td><td></td></tr>
<tr><td>11</td><td>加：营业外收入</td><td></td></tr>
<tr><td>12</td><td>减：营业外支出</td><td></td></tr>
<tr><td>13</td><td>三、利润总额（10+11-12）</td><td></td></tr>
<tr><td rowspan="5">应纳税所得额计算</td><td>14</td><td>加：纳税调整增加额</td><td></td></tr>
<tr><td>15</td><td>减：纳税调整减少额</td><td></td></tr>
<tr><td>23</td><td>纳税调整后所得</td><td></td></tr>
<tr><td>24</td><td>减：弥补以前年度亏损</td><td></td></tr>
<tr><td>25</td><td>应纳税所得额（23-24）</td><td></td></tr>
<tr><td rowspan="5">应纳税额计算</td><td>26</td><td>税率（25%）</td><td></td></tr>
<tr><td>27</td><td>应纳所得税额（25×26）</td><td></td></tr>
<tr><td>33</td><td>实际应纳所得税额</td><td></td></tr>
<tr><td>34</td><td>减:本年累计实际已预缴的所得税额</td><td></td></tr>
<tr><td>40</td><td>本年应补（退）的所得税额（33-34）</td><td></td></tr>
<tr><td colspan="2">纳税人公章：
经办人：
申报日期：　年　月　日</td><td>代理申报中介机构公章：
经办人及执业证件号码：
代理申报日期：　年　月　日</td><td>主管税务机关受理专用章：
受理人：
受理日期：　年　月　日</td></tr>
</table>

附录 4-12

企业所得税年度纳税申报表附表一（1）

收入明细表

填报时间： 年 月 日 金额单位：元（列至角分）

行次	项 目	金 额
1	一、销售（营业）收入合计（2+13）	
2	（一）营业收入合计（3+8）	
3	1．主营业务收入（4+5+6+7）	
4	（1）销售货物	
5	（2）提供劳务	
6	（3）让渡资产使用权	
7	（4）建造合同	
8	2．其他业务收入（9+10+11+12）	
9	（1）材料销售收入	
10	（2）代购代销手续费收入	
11	（3）包装物出租收入	
12	（4）其他	
13	（二）视同销售收入（14+15+16）	
14	（1）非货币性交易视同销售收入	
15	（2）货物、财产、劳务视同销售收入	
16	（3）其他视同销售收入	
17	二、营业外收入（18+19+20+21+22+23+24+25+26）	
18	1．固定资产盘盈	
19	2．处置固定资产净收益	
20	3．非货币性资产交易收益	
21	4．出售无形资产收益	
22	5．罚款净收入	
23	6．债务重组收益	
24	7．政府补助收入	
25	8．捐赠收入	
26	9．其他	

经办人（签章）： 法定代表人（签章）：

附录 4-13

企业所得税年度纳税申报表附表二（1）

成本费用明细表

填报时间： 年 月 日 金额单位：元（列至角分）

行次	项　目	金　额
1	一、销售（营业）成本合计（2+7+12）	
2	（一）主营业务成本（3+4+5+6）	
3	（1）销售货物成本	
4	（2）提供劳务成本	
5	（3）让渡资产使用权成本	
6	（4）建造合同成本	
7	（二）其他业务成本（8+9+10+11）	
8	（1）材料销售成本	
9	（2）代购代销费用	
10	（3）包装物出租成本	
11	（4）其他	
12	（三）视同销售成本（13+14+15）	
13	（1）非货币性交易视同销售成本	
14	（2）货物、财产、劳务视同销售成本	
15	（3）其他视同销售成本	
16	二、营业外支出（17+18+…+24）	
17	1．固定资产盘亏	
18	2．处置固定资产净损失	
19	3．出售无形资产损失	
20	4．债务重组损失	
21	5．罚款支出	
22	6．非常损失	
23	7．捐赠支出	
24	8．其他	
25	三、期间费用（26+27+28）	
26	1．销售（营业）费用	
27	2．管理费用	
28	3．财务费用	

经办人（签章）： 法定代表人（签章）：

附录 4-14

企业所得税年度纳税申报表附表三

纳税调整项目明细表

填报时间：　　年　　月　　日　　　　　　　　金额单位：元（列至角分）

	行次	项　　目	账载金额	税收金额	调增金额	调减金额
			1	2	3	4
	1	一、收入类调整项目	*	*		
	2	1．视同销售收入（填写附表一）	*	*		*
#	3	2．接受捐赠收入	*			*
	4	3．不符合税收规定的销售折扣和折让				*
*	5	4．未按权责发生制原则确认的收入				
*	6	5．按权益法核算长期股权投资对初始投资成本调整确认收益	*	*	*	
	7	6．按权益法核算的长期股权投资持有期间的投资损益	*	*		
*	8	7．特殊重组				
*	9	8．一般重组				
*	10	9．公允价值变动净收益（填写附表七）	*	*		
	11	10．确认为递延收益的政府补助				
	12	11．境外应税所得（填写附表六）	*	*	*	
	13	12．不允许扣除的境外投资损失	*	*		*
	14	13．不征税收入（填附表一[3]）	*	*	*	
	15	14．免税收入（填附表五）	*	*	*	
	16	15．减计收入（填附表五）	*	*	*	
	17	16．减、免税项目所得（填附表五）	*	*	*	
	18	17．抵扣应纳税所得额（填附表五）	*	*	*	
	19	18．其他				
	20	二、扣除类调整项目	*	*		
	21	1．视同销售成本（填写附表二）	*	*	*	
	22	2．工资薪金支出				
	23	3．职工福利费支出				
	24	4．职工教育经费支出				
	25	5．工会经费支出				
	26	6．业务招待费支出				*
	27	7．广告费和业务宣传费支出（填写附表八）	*	*		

续表

行次	项　目	账载金额	税收金额	调增金额	调减金额
		1	2	3	4
28	8．捐赠支出				*
29	9．利息支出				
30	10．住房公积金				*
31	11．罚金、罚款和被没收财物的损失		*		*
32	12．税收滞纳金		*		*
33	13．赞助支出		*		*
34	14．各类基本社会保障性缴款				
35	15．补充养老保险、补充医疗保险				
36	16．与未实现融资收益相关在当期确认的财务费用				
37	17．与取得收入无关的支出		*		*
38	18．不征税收入用于支出所形成的费用		*		*
39	19．加计扣除（填附表五）	*	*	*	
40	20．其他				
41	三、资产类调整项目	*	*		
42	1．财产损失				
43	2．固定资产折旧（填写附表九）	*	*		
44	3．生产性生物资产折旧（填写附表九）	*	*		
45	4．长期待摊费用的摊销（填写附表九）	*	*		
46	5．无形资产摊销（填写附表九）	*	*		
47	6．投资转让、处置所得（填写附表十一）	*	*		
48	7．油气勘探投资（填写附表九）				
49	8．油气开发投资（填写附表九）				
50	9．其他				
51	四、准备金调整项目（填写附表十）	*	*		
52	五、房地产企业预售收入计算的预计利润	*	*		
53	六、特别纳税调整应税所得	*	*		*
54	七、其他	*	*		
55	合计	*	*		

注：1．标有*的行次为执行新会计准则的企业填列，标有＃的行次为除执行新会计准则以外的企业填列。

2．没有标注的行次，无论执行何种会计核算办法，有差异就填报相应行次，填*号不可填列。

3．有二级附表的项目只填调增、调减金额，账载金额、税收金额不再填写。

经办人（签章）：　　　　　　　　法定代表人（签章）：

附录 4-15

企业所得税弥补亏损明细表

填报时间：　　年　　月　　日　　　　　　金额单位：元（列至角分）

行次	项目	年度	盈利额或亏损额	合并分立企业转入可弥补亏损额	当年可弥补的所得额	以前年度亏损弥补额					本年度实际弥补的以前年度亏损额	可结转以后年度弥补的亏损额
						前四年度	前三年度	前二年度	前一年度	合计		
		1	2	3	4	5	6	7	8	9	10	11
1	第一年											*
2	第二年					*						
3	第三年					*	*					
4	第四年					*	*	*				
5	第五年					*	*	*	*			
6	本年					*	*	*	*	*		
7	可结转以后年度弥补的亏损额合计											

经办人（签章）：　　　　　　　　　　法定代表人（签章）：

附录 4-16

税收优惠明细表

填报时间：　　年　　月　　日　　　　　　金额单位：元（列至角分）

行次	项　　目	金　额
1	一、免税收入（2+3+4+5）	
2	1．国债利息收入	
3	2．符合条件的居民企业之间的股息、红利等权益性投资收益	
4	3．符合条件的非营利组织的收入	
5	4．其他	
6	二、减计收入（7+8）	
7	1．企业综合利用资源，生产符合国家产业政策规定的产品所取得的收入	
8	2．其他	
9	三、加计扣除额合计（10+11+12+13）	
10	1．开发新技术、新产品、新工艺发生的研究开发费用	
11	2．安置残疾人员所支付的工资	
12	3．国家鼓励安置的其他就业人员支付的工资	
13	4．其他	
14	四、减免所得额合计（15+25+29+30+31+32）	
15	（一）免税所得（16+17+…+24）	

续表

行次	项　目	金　额
16	1．蔬菜、谷物、薯类、油料、豆类、棉花、麻类、糖料、水果、坚果的种植	
17	2．农作物新品种的选育	
18	3．中药材的种植	
19	4．林木的培育和种植	
20	5．牲畜、家禽的饲养	
21	6．林产品的采集	
22	7．灌溉、农产品初加工、兽医、农技推广、农机作业和维修等农、林、牧、渔服务业项目	
23	8．远洋捕捞	
24	9．其他	
25	（二）减税所得（26+27+28）	
26	1．花卉、茶以及其他饮料作物和香料作物的种植	
27	2．海水养殖、内陆养殖	
28	3．其他	
29	（三）从事国家重点扶持的公共基础设施项目投资经营的所得	
30	（四）从事符合条件的环境保护、节能节水项目的所得	
31	（五）符合条件的技术转让所得	
32	（六）其他	
33	五、减免税合计（34+35+36+37+38）	
34	（一）符合条件的小型微利企业	
35	（二）国家需要重点扶持的高新技术企业	
36	（三）民族自治地方的企业应缴纳的企业所得税中属于地方分享的部分	
37	（四）过渡期税收优惠	
38	（五）其他	
39	六、创业投资企业抵扣的应纳税所得额	
40	七、抵免所得税额合计（41+42+43+44）	
41	（一）企业购置用于环境保护专用设备的投资额抵免的税额	
42	（二）企业购置用于节能节水专用设备的投资额抵免的税额	
43	（三）企业购置用于安全生产专用设备的投资额抵免的税额	
44	（四）其他	
45	企业从业人数（全年平均人数）	
46	资产总额（全年平均数）	
47	所属行业（工业企业　其他企业）	

经办人（签章）：　　　　　　　　　　　　法定代表人（签章）：

附录 4-17　　《企业会计准则——应用指南》常用会计科目表

序号	编号	科目名称	序号	编号	科目名称
一、资产类			二、负债类		
1	1001	库存现金	70	2001	短期借款
2	1002	银行存款	77	2101	交易性金融负债
5	1012	其他货币资金	79	2201	应付票据
8	1101	交易性金融资产	80	2202	应付账款
10	1121	应收票据	81	2203	预收账款
11	1122	应收账款	82	2211	应付职工薪酬
12	1123	预付账款	83	2221	应交税费
13	1131	应收股利	84	2231	应付利息
14	1132	应收利息	85	2232	应付股利
18	1221	其他应收款	86	2241	其他应付款
19	1231	坏账准备	94	2501	长期借款
26	1401	材料采购	95	2502	应付债券
27	1402	在途物资	100	2701	长期应付款
28	1403	原材料	104	2901	递延所得税负债
29	1404	材料成本差异	三、所有者权益类		
30	1405	库存商品	110	4001	实收资本
31	1406	发出商品	111	4002	资本公积
33	1408	委托加工物资	112	4101	盈余公积
34	1411	周转材料	114	4103	本年利润
40	1471	存货跌价准备	115	4104	利润分配
41	1501	持有至到期投资	四、成本类		
42	1502	持有至到期投资减值准备	117	5001	生产成本
43	1503	可供出售金融资产	118	5101	制造费用
44	1511	长期股权投资	120	5301	研发支出
45	1512	长期股权投资减值准备	五、损益类		
46	1521	投资性房地产	124	6001	主营业务收入
47	1531	长期应收款	129	6051	其他业务收入
50	1601	固定资产	131	6101	公允价值变动损益
51	1602	累计折旧	132	6111	投资收益
52	1603	固定资产减值准备	136	6301	营业外收入
53	1604	在建工程	137	6401	主营业务成本
54	1605	工程物资	138	6402	其他业务成本
55	1606	固定资产清理	139	6403	营业税金及附加
62	1701	无形资产	149	6601	销售费用
63	1702	累计摊销	150	6602	管理费用
64	1703	无形资产减值准备	151	6603	财务费用
65	1711	商誉	153	6701	资产减值损失
66	1801	长期待摊费用	154	6711	营业外支出
67	1811	递延所得税资产	155	6801	所得税费用
69	1901	待处理财产损溢	156	6901	以前年度损益调整

注：本表摘录《企业会计准则——应用指南》会计科目表。为了方便查找，序号为《企业会计准则——应用指南》会计科目表中的序号。

参考文献

[1] 樊彩霞，刘欣华．会计模拟综合实验教程[M]．北京：中国纺织出版社，2013.
[2] 刘雪清．企业会计模拟综合实训教程[M]．大连：东北财经大学出版社，2013.
[3] 陈国平．会计综合模拟实验（手工账务处理）[M]．上海：立信会计出版社，2014.
[4] 詹二妹．会计综合模拟实训[M]．上海：立信会计出版社，2014.
[5] 王燕华．会计综合模拟实训教程[M]．北京：清华大学出版社，2012.
[6] 于晓红．会计模拟实验[M]．大连：东北财经大学出版社，2015.
[7] 黄芳．会计模拟实验[M]．大连：东北财经大学出版社，2015.
[8] 张宗强．会计模拟实验教程[M]．北京：北京大学出版社，2014.
[9] 李宽．财务会计模拟实验[M]．北京：中国财政经济出版社，2015.
[10] 任萍，郭莉荣．综合会计实验[M]．北京：经济科学出版社，2013.
[11] 王秀芬．会计综合实验教程[M]．北京：清华大学出版社，2013.
[12] 曾廷敏，林祥友．现代会计综合实验教程[M]．北京：经济管理出版社，2015.